Ich will
so werden, wie
ich bin

Dr. Volker Kitz hat mehrere Sachbuch-Bestseller geschrieben. Er hat Jura und Psychologie in Köln und New York studiert, danach unterschiedliche Erfahrungen gesammelt, u. a. als Wissenschaftler, TV-Journalist, Drehbuchautor und Lobbyist für die Medienindustrie. Manchmal hat er in seinem Leben Schritte gewagt, die andere als mutig bezeichneten. Es waren meist diese Schritte, die ihn seinen inneren Wünschen am nächsten brachten. Heute arbeitet er als Anwalt und Coach in Köln und Berlin.

Dr. Manuel Tusch studierte Psychologie und Erwachsenenbildung. Er hat eine psychologische Praxis in Köln, leitet das Institut für Angewandte Psychologie (IfAP) und ist Lehrbeauftragter für Coaching an mehreren Universitäten. Seine Arbeitsschwerpunkte als Coach sind Karriereberatung, Wirtschaftsmediation, Konfliktmanagement, Führungskräfteentwicklung und Change Management. Seine unstillbare Lebensneugier treibt ihn dazu, sich jeden Tag aufs Neue zu definieren.

Ihr *Spiegel*-Bestseller *Das Frustjobkillerbuch* wurde über Nacht zum Kultbuch und Standardwerk und wurde in mehrere Sprachen übersetzt. Mit ihrem erfolgreichen Bühnenprogramm sind Kitz & Tusch international auf Tournee. Bei Unternehmen sind sie gefragte Redner und Coaches. Weitere Informationen unter www.kitz-tusch.com.

Volker Kitz & Manuel Tusch

Ich will
so werden, wie
ich bin

FÜR SELBERLEBER

Campus Verlag
Frankfurt/New York

© 2010 Dr. Volker Kitz, Dr. Manuel Tusch

Bibliografische Information der Deutschen Nationalbibliothek:
Die Deutsche Nationalbibliothek verzeichnet diese Publikation in der Deutschen
Nationalbibliografie. Detaillierte bibliografische Daten sind im Internet unter
http://dnb.d-nb.de abrufbar.

ISBN 978-3-593-39218-9

Das Werk einschließlich aller seiner Teile ist urheberrechtlich geschützt.
Jede Verwertung ist ohne Zustimmung des Verlags unzulässig. Das gilt insbesondere
für Vervielfältigungen, Übersetzungen, Mikroverfilmungen und die Einspeicherung
und Verarbeitung in elektronischen Systemen.
Copyright © 2011 Campus Verlag GmbH, Frankfurt am Main.
Umschlaggestaltung: Hißmann, Heilmann, Hamburg
Gestaltung und Satz: tiff.any GmbH, Berlin
Druck und Bindung: Beltz Druckpartner, Hemsbach
Gedruckt auf Papier aus zertifizierten Rohstoffen (FSC/PEFC).
Printed in Germany

Besuchen Sie uns im Internet: www.campus.de

Dieses Buch hat zwei Teile;
der erste macht Sie frei, der zweite lässt Sie leben.

Inhalt

Teil 2:
Wie Sie das Hamsterrad zum Engelskreis machen

Nichts passiert zufällig

Dass wir mit unserer Botschaft den Weg zu Ihnen gefunden haben, vielleicht über Umwege und Hindernisse, an den Ort, an dem Sie dieses Buch jetzt in Ihren Händen halten, an dem Ihr Schicksal unsere Lebenswege sich hat kreuzen lassen – das macht uns sehr froh.
Wir danken allen, die dazu beigetragen haben.

Ganz besonders möchten wir hervorheben:
- All die Menschen, die uns ihr Herz geöffnet und uns ihre bewegende Lebensgeschichte erzählt haben, die uns an Wut und Verzweiflung ebenso teilhaben ließen wie an ihrem Wandel und Glück. Ihre Leben hauchen diesem Buch etwas ein, das über die gedruckten Worte weit hinausgeht.
- Die Menschen, die in unseren eigenen Leben Spuren hinterlassen haben – Spuren, aus denen wir die Energie, die Ideen und die Erfahrungen nehmen, die uns zu diesem Buch gedrängt haben.
- Unsere Agentin Barbara Wenner, die zur rechten Zeit und am rechten Ort unsere Botschaft in die richtige Richtung lenkte.
- Tobias Dorfer für Einsätze und Ideen, die manches erst ermöglicht haben.
- Den Campus Verlag, der unsere Worte mit Leidenschaft und Herzblut unter die Menschen bringt. Besonders danken wir unserer Lektorin Juliane Meyer – die Zusammenarbeit war auch diesmal wieder eine Freude!

Und wir danken schon jetzt allen anderen fleißigen Köpfen und Händen in Verlag und Handel, durch die dieses Buch noch gehen wird, wenn es unsere Hände nun verlässt.
Den ersten Schritt in Ihr neues Leben haben Sie gerade getan. Gehen Sie weiter – nach vorn.
Wir freuen uns auf den gemeinsamen Weg mit Ihnen.

Köln, im November 2010   *Dr. Volker Kitz & Dr. Manuel Tusch*

Teil 1:
Die Hamsterrad-Verschwörung

EINS

Stellen Sie sich vor …

… Sie schlagen plötzlich die Augen auf.

Licht blendet Sie. Über Sie beugen sich zwei Menschen in weißen Kitteln.

„Vollständiger Gedächtnisverlust", flüstert der eine.

„Sie sind plötzlich bewusstlos geworden", informiert Sie der andere in sachlichem Tonfall.

„Kein Mensch weiß, warum", sagt der erste. „Zwei Monate lagen Sie im Koma. Jetzt sind Sie wieder wach. Aber Sie wissen nichts mehr über Ihr bisheriges Leben. Gar nichts mehr. Wir haben bei Ihnen leider auch keine Papiere gefunden."

Sie stehen auf, verlassen das Krankenhaus.

Was tun Sie?

Sie kennen keinen Menschen auf der Welt. Sie kennen keine Regeln, keinen Knigge, keine Karriere-Ratgeber, keine Gewohnheiten und Gepflogenheiten. Kein „Das macht man so" und kein „Was sollen denn die Leute denken?". Sie wissen nicht, was Ihre Freunde cool finden und worüber sie die Augen verdrehen.

Sie greifen in Ihre Jackentasche. Da ist nichts. Kein Trauschein, kein Familienalbum. Keine Visitenkarte mit einer englischen Tätigkeitsbezeichnung über drei Zeilen. Kein Terminkalender, kein Adressbuch, noch nicht einmal ein Internethandy, auf dem wenigstens Zugangsdaten zu Facebook gespeichert wären.

Sie haben keine Ahnung, was man von Ihnen sehen und hören will, was die Menschen um Sie herum von Ihnen erwarten.

Was bleibt Ihnen übrig?

Sie können nur auf sich selbst zurückgreifen. Sie halten inne und hören.

Auf die Stimme aus Ihrem Herzen.

Sie ist die einzige Stimme, die zu Ihnen spricht. Es sind Ihre Bedürfnisse und Wünsche, Ihr einziger Handlungsantrieb.

Diese Bedürfnisse und Wünsche kommen tief aus Ihrem Innern. Sie lassen sich ganz von ihnen leiten.

An der Straße sehen Sie einen Stand mit Süßigkeiten. Sie nehmen sich im Vorbeigehen eine Handvoll Schokopralinen. Mhmmm, wie das schmeckt!

Sie kommen an einem Flussufer vorbei, legen sich einen Moment ins Gras und tanken Sonne. Wie gut sich das auf Ihrer Haut anfühlt!

Zwei Straßen weiter entdecken Sie ein Stück Kreide auf dem Boden. Spontan malen Sie etwas auf den Asphalt. Es wird eine große Zeichnung; was es ist, wissen Sie selbst nicht so genau. Ihr Herz führt Ihre Hand.

Um Sie herum sammeln sich Menschen, immer mehr. Die Menschen raunen sich etwas zu, nicken anerkennend. Manche legen ein paar Geldstücke vor Sie auf den Boden. Sie merken gar nicht, dass es plötzlich dunkel wird. Den ganzen Tag haben Sie damit verbracht zu malen. Wie toll das ist, denken Sie. Das möchte ich ab jetzt immer machen. Die Zeit fließt dabei ganz natürlich; wozu man jemals eine Uhr brauchen sollte, können Sie sich nicht vorstellen.

Plötzlich schlägt sich jemand hektisch durch die Menge. „Na, da hab ich Sie ja noch gefunden!", ruft der Jemand. Es ist die Person vom Schokoladenstand. „Einfach was mitnehmen ohne zu bezahlen, so geht das ja nicht!"

Sie stehen sich gegenüber, es ist wunderschön. Ihr Blick haftet auf dem fremden Gesicht, während Sie ein paar der Geldstücke vom Boden aufheben, um Ihre Schulden zu bezahlen. Plötzlich berühren sich Ihre Lippen.

Den Abend verbringen Sie gemeinsam am Flussufer. Der Mensch vom Schokoladenstand kommt aus Brasilien; erzählt von sich und seiner Familie. Sie schmieden gemeinsam Pläne für ein Leben im Süden – mit einem eigenen Atelier, einer kleinen Pralinenmanufaktur. Mit vielen Tieren, großen und kleinen. Sie stellen fest, dass Sie beide Tiere lieben.

Sie unterhalten sich noch angeregt, als es schon lange wieder Tag geworden ist.

Plötzlich bleibt jemand ganz anderes vor Ihnen stehen, schaut Sie ungläubig an und schreit: *„Hier* bist du?" Diese andere Person zerrt Sie weg, nimmt Sie mit in eine Wohnung.

Sie erfahren: Mit diesem anderen Menschen sind Sie seit zwölf Jahren verheiratet. Sie erfahren weiter: In der Schule schon konnten Sie toll zeichnen, wollten Grafikdesign studieren.

Ihre Lehrer sagten: „Damit verdient man kein Geld."

Ihre Freunde sagten: „Wir machen Karriere in der Wirtschaft!"

Ihre Eltern sagten: „In unserer Familie gibt es keine Künstler."

Sie studierten Betriebswirtschaft, wie Ihre Klassenkameraden auch. Der Mensch, mit dem Sie verheiratet sind, zeigt Ihnen Ihre Visitenkarte: „Executive Vice President Affiliate Affairs and Global Sales Strategy" steht da. Bei einem Technologiekonzern. „Damit warst du der Star auf deinem letzten Abi-Jubiläum!", holt der Mensch neben Ihnen aufgeregt Ihre Erinnerung zurück. „Niemand sonst hat es geschafft, vor seinem 45. Geburtstag Executive Vice President in einem multinationalen Konzern zu werden. Vice President, das sind viele, auch Senior Vice President – aber *Executive* Vice President ... Zur Belohnung hast du dir kürzlich diese Rolex hier gekauft. Die wolltest du schon lange haben, weil sie alle anderen Leitenden bei euch in der Firma auch haben. Seitdem fährst du morgens noch früher ins Büro."

Sie blättern in einem alten Fotoalbum, entdecken sich selbst mit dem schönen Menschen vom Schokoladenstand – ach nein, die beiden sehen sich nur verblüffend ähnlich. „In diese unsägliche Person warst du offenbar mal verknallt", hören Sie die Stimme neben sich erzählen. „Ihr hattet Flausen im Kopf, wolltet gemeinsam eine Künstlerfarm in Venezuela aufbauen. Zum Glück hattest du deine Freunde, die haben dich vor dem Sprung ins Unglück bewahrt! Diese Person hier verkaufte ja nur Obst auf dem Markt, war völlig ungelernt. In deinem Freundeskreis hatte jeder eine Beziehung auf Augenhöhe!

Unsere gemeinsamen Freunde haben dich und mich dann bekannt gemacht. Wir waren einfach füreinander geschaffen."

Dabei hält Ihnen der Mensch, mit dem Sie verheiratet sind, seine eigene Visitenkarte vor die Nase. „General Manager" steht darauf. „Ich führe ein gut gehendes Restaurant", sagt der Mensch neben Ihnen stolz.

Sie erfahren noch mehr aus Ihrem alten Leben: Seit etwa zehn Jahren meiden Sie jeden Sonnenstrahl. In einer Zeitschrift hatten Sie gelesen, dass Ihre Haut sonst zu schnell altert. Schokolade essen Sie nicht mehr, seit Freunde Sie bei einem gemeinsamen Bio-Sushi ausgelacht haben – weil Sie allen Ernstes in der heutigen Zeit noch Zucker essen. Noch letztes Jahr wollten Sie sich ein Haustier zulegen – haben sich aber dann dagegen entschieden, wegen des teuren Designer-Sofas in Ihrem Wohnzimmer (das Ihre Nachbarn auch haben, allerdings eine Nummer kleiner).

Ein Gedankenexperiment, das Ihr Leben verändert

Hand aufs Herz: Was würden *Sie* tun, wenn Sie plötzlich Ihr Gedächtnis verloren hätten – und damit alle Zwänge aus Ihrem früheren Leben?

Wie würde sich dieses Leben unterscheiden von dem Leben, das Sie heute führen?

Versuchen Sie sich die oben beschriebene Situation für Ihr eigenes Leben vorzustellen. Wenn Ihnen diese Vorstellungsübung schwerfällt (die meisten von uns verlieren, vielleicht bedauerlicherweise, ihr Gedächtnis ja eher selten), dann versuchen Sie es mit einem anderen Gedankenexperiment:

Alle Menschen, die Sie kennen, machen zusammen eine Kreuzfahrt – Familie, Freunde, Bekannte, Kollegen, Nachbarn. Nur Sie

WAS TUN SIE, WENN NIEMAND MEHR ERWARTUNGEN AN SIE HAT? LEBEN SIE WEITER WIE BISHER, TAG FÜR TAG?

selbst haben das Schiff verpasst. Das Schiff verschwindet im Bermudadreieck.

Was tun Sie, wenn niemand mehr Erwartungen an Sie hat? Leben Sie weiter wie bisher, Tag für Tag?

Wenn Sie diese Frage nicht uneingeschränkt mit „ja" beantworten können, dann leben Sie möglicherweise ein geschäftiges, vielleicht sogar aufregendes Leben. Es könnte aber sein, dass es nicht ganz Ihr eigenes Leben ist – sondern ein fremdes. Ein Leben, das den Erwartungen der Menschen um Sie herum entspricht, nicht Ihrem Herzen.

Wir haben festgestellt: Die meisten Menschen *können* diese Frage nicht uneingeschränkt mit „ja" beantworten.

Unsere moderne Gesellschaft preist sich, eine freie Gesellschaft zu sein. Und doch ist sie eine Gesellschaft voller Zwänge. Zwänge, deren Zahl in den letzten Jahren nicht abgenommen hat, sondern zugenommen.

Die meisten Menschen würden ihr Leben dramatisch ändern, wenn sie plötzlich keine fremden Erwartungen mehr erfüllen müssten.

Sie würden sich fragen: Was will *ich*?

Manche gehen ausgefallene Wege, um endlich frei zu werden. Kein Geheimnis ist zum Beispiel: Viele der Millionen Menschen, die weltweit jedes Jahr spurlos verschwinden, legen einfach ihre alte Identität ab. Sie lassen ihr altes Leben mit seinen alten Zwängen hinter sich und starten neu. In ein Leben, von dem niemand weiß und in dem niemand etwas von ihnen erwartet. In die Freiheit. In den USA gibt es inzwischen sogar sogenannte Privacy Consultants. Sie helfen Menschen dabei zu verschwinden, verwischen die Spuren ihres alten, unfreien Lebens.

Sie gehören zu den Menschen, die ihr Leben ein wenig anders leben würden, wenn es wirklich nach *Ihnen* ginge?

Endlich *Ihr* Leben leben, Ihr eigenes, ganz individuelles Leben gestalten – wie lange haben Sie sich das schon vorgenommen? Und wie oft ist immer wieder etwas „dazwischengekommen"?

- „Wenn ich erst mit der Schule fertig bin und der Stress vorbei ist, dann fängt *mein* Leben an."
- „Wenn ich erst zu Hause ausgezogen bin und der Stress vorbei ist, dann fängt *mein* Leben an."
- „Wenn ich erst mein Examen in der Tasche habe und der Stress vorbei ist, dann fängt *mein* Leben an."
- „Wenn ich erst einen Partner fürs Leben gefunden habe und der Stress vorbei ist, dann fängt *mein* Leben an."
- „Wenn die ersten zwei Jahre im neuen Job erst mal vorüber sind und der Stress vorbei ist, dann fängt *mein* Leben an."
- „Wenn die Kinder erst mal groß sind und der Stress vorbei ist, dann fängt *mein* Leben an."
- „Wenn ich erst mal im Ruhestand bin und der Stress vorbei ist, dann fängt *mein* Leben an."
- „Wenn ich erst mal den Garten umgebaut habe und der Stress vorbei ist, dann fängt *mein* Leben an."

Wenn es Ihnen geht wie vielen anderen Menschen auch, dann ist das Leben für Sie möglicherweise ganz schön turbulent, bunt und erfolgreich. Sie haben einen guten Job, gute Freunde, gute Kinder, gutes Geld. Aber insgeheim warten Sie seit Jahren, vielleicht seit Jahrzehnten darauf, dass endlich *Ihr* Leben beginnt.

Vielleicht verläuft Ihr Leben auch eher ruhig, und Sie warten umso mehr darauf, dass es endlich „losgeht". Dass der Morgen kommt, an dem Sie aus dem Bett springen, gut gelaunt, ohne Wecker, trotzdem frisch und ausgeschlafen, voller Kraft und Energie, an dem Ihr Herz Sie durch den Tag führt und nichts und niemand sonst, an dem Sie mit jedem Atemzug, jedem Wort und jedem Schritt fühlen, dass Sie genau das Richtige tun, weil Sie es tun *wollen*, an dem Sie eine selbst komponierte Melodie vor sich hin summen, an dem sich einfach alles gut anfühlt.

Weil das Leben *Ihr* Leben ist.

Sie hoffen auch seit langem, dass dieser Tag endlich kommt?

Dann lesen Sie weiter, denn den ersten Schritt in *Ihr* Leben haben Sie gerade getan. Sie brauchen dafür nicht die Menschen um sich herum ins Bermudadreieck zu schicken, Sie brauchen diesen Men-

> **ABER SIE BRAUCHEN SICH VON DEN MENSCHEN UM SIE HERUM AUCH NICHT IHR LEBEN NEHMEN ZU LASSEN.**

schen nicht das Leben zu nehmen (und damit unser Gedankenexperiment nicht so brutal ist, dürfen Sie sich jetzt auch vorstellen, dass alle Ihre Lieben nach kurzer Zeit gefunden wurden und gesund und munter zurückgekehrt sind).

Aber Sie brauchen sich von den Menschen um Sie herum auch nicht Ihr Leben nehmen zu lassen.

Wir zeigen Ihnen, wie Sie *Ihr* Leben finden, wie Sie sich von all den Zwängen befreien können, die Sie in unserer heutigen Gesellschaft auf Schritt und Tritt einfangen.

Ihr neues Leben wird schön. *Wie* schön, das können Sie erahnen, wenn Sie sich an Situationen erinnern, in denen Sie sich zuletzt frei gefühlt haben. Dieses Gefühl kennen Sie – auch dann, wenn Sie weder Ihr Gedächtnis verloren noch alle Ihre Bekannten im Meer versenkt haben. Vielen von uns geht es zum Beispiel im Urlaub so. Ein anderer Ort, eine neue Umgebung, in der wir niemanden kennen – das ist so ähnlich, wie wenn alle unsere Bekannten auf einen Schlag im Meer versunken wären, zumindest für zwei Wochen. Plötzlich sind wir unbeobachtet, befreit von fremden Erwartungen, von den üblichen Normen um uns herum. Und wir tun einfach das, wonach uns der Sinn steht. Manche schlagen deshalb im Urlaub auch „über die Stränge", sagen wir – und meinen damit die Stränge, die ihnen das Leben sonst, zu Hause, anlegt.

Auch wenn ein neuer Lebensabschnitt anfängt, fühlen wir uns oft frei. Erinnern Sie sich daran, als Sie die Schule abgeschlossen hatten, Ihr Studium, Ihre Ausbildung. Als Sie in eine neue Stadt gezogen sind – und noch nichts und niemanden kannten. Plötzlich konnten Sie alte Erwartungen und Konventionen hinter sich lassen, sich völlig frei und unbeobachtet bewegen. Für einen Moment schien das Leben voller Möglichkeiten. Und es *war* voller Möglichkeiten – nur haben Sie sich vielleicht zu schnell von den neuen Zwängen des neuen Lebensabschnitts einnehmen lassen.

Als Kinder waren wir alle unbeschwert. Erinnern Sie sich an eine Situation, in der Sie drei oder vier Jahre alt waren und etwas unglaublich gerne wollten – vielleicht eine Tafel Schokolade, die Ihre Mutter in irgendeinem Schrank versteckt hatte. In solchen Momenten wussten wir ganz genau, was wir wollten. Dieser Wunsch hatte eine ungeheure Macht über uns – und über andere. Er erfüllte uns mit starken Gefühlen und war der Antrieb unseres zarten, aber kraftvollen Kinderlebens. Wenn sich dieser Wunsch nicht erfüllte, konnten wir oft so laut und so lange schreien, dass unsere Eltern sich in Grund und Boden schämten – vor den anderen Menschen in unserem Haus, in unserer Straße, in unserem Kindergarten oder an der Supermarktkasse. Wir stellten die Wohnung auf den Kopf und suchten diese Schokolade, die wir so gerne essen wollten. Und wir fanden sie und aßen sie. Wir waren eins mit uns selbst – und glücklich. Wir hatten einen Herzenswunsch, den wir uns erfüllten, aus eigener Kraft und oft gegen gehörige Widerstände.

Selbstwirksamkeit – der Schlüssel zum Glück

Als erwachsene Menschen probieren wir selten etwas mehr als zwei- oder dreimal aus. Wenn es dann nicht klappt, geben wir frustriert auf und versuchen es meist nie wieder: „Das hat keinen Zweck", sagen wir uns. Wie oft sind wir aber als kleines Kind auf die Nase gefallen? Nur weil wir immer wieder und wieder diesen Drang zu laufen spürten, standen wir auch immer wieder und wieder auf und versuchten es erneut. Hätten wir wie ein erwachsener Mensch gehandelt und nach zweimal „Aua" beschlossen: „Das hat keinen Zweck" – wir hätten niemals laufen gelernt. Wir würden heute noch im Laufstall sitzen.

Vor dieser Situation stehen wir auch heute noch oft: laufen lernen oder den Rest des Lebens im Laufstall verbringen. Wir müssen nur „laufen lernen" durch einen beliebigen anderen Wunsch ersetzen.

Katrin, 27, Controllerin in einem Telekommunikationsunternehmen: „Mein größter Wunsch war es immer, möglichst viel um die Welt zu reisen. Als Kind habe ich oft stundenlang vor unserem Leuchtglobus gesessen und mir vorgestellt, wie es woanders, an all den fernen Orten, aussehen mag. Eigentlich hat sich daran nichts geändert. Jetzt surfe ich im Internet und träume von fernen Welten. Aber in Wirklichkeit sitze ich jeden Tag in einem grauen Büro in Nordrhein-Westfalen mit Blick auf einen Lichtschacht."

Sebastian, 41, geschieden, zwei Kinder, die er selten sieht, Key Account Manager in einer Werbeagentur: „Mein ideales Leben sähe so aus: Ich lebe mit vielen Menschen, die mir wichtig sind, auf einem großen Bauernhof zusammen. In einer Art Kommune, mit Kindern und Tieren. Bin kreativ tätig, als Maler oder Bildhauer. Im wirklichen Leben wohne ich allein in einer schicken Wohnung in Frankfurt und arbeite hauptsächlich mit Namen und Zahlen. Aber alle sagen, ich hätte ganz gut Karriere gemacht."

Elena, 32, Rechtsanwältin in einer Großkanzlei: „Ich habe schon als Kind Geschichten auf Papier geschrieben und daraus selber Bücher gebastelt. Wenn andere Kaufladen spielten, habe ich Buchhandlung gespielt und meine eigenen Bücher dort ins Regal gestellt. Ich wollte Schriftstellerin werden – aber in unserer Familie waren immer schon alle Juristen."

Anders als der Wunsch, laufen zu lernen, haben diese Wünsche den Laufstall nie verlassen – weil wir es nicht oft genug versucht haben, den Wunsch vielleicht irgendwann aus den Augen verloren haben. Einige Teile unseres Lebens sitzen sozusagen immer noch im Laufstall.

Es mag eine schmerzliche Erkenntnis sein, dass wir uns in manchen Fällen selber dazu verbannt haben. Aber für keinen unserer Wünsche ist es zu spät, den Laufstall zu verlassen. Und laufen zu lernen. Wir helfen Ihnen dabei, Schritt für Schritt, in den nächsten Kapiteln.

Wenn wir einen eigenen Wunsch erkennen und aus eigener Kraft umsetzen, dann erleben wir Glücksgefühle: Wenn Sie sich als Kind endlich Ihre Schokolade erkämpft hatten. Wenn Sie heute, im Berufsleben, alles gegeben haben und einen wichtigen neuen Kunden gewinnen konnten. Wenn Sie ein leckeres Essen zubereitet haben. Wenn Sie im Garten einen Tomatenstrauch gepflanzt und gepflegt haben und dann die frisch duftenden Tomaten ernten. Wenn Sie den Keller aufgeräumt haben und sich zufrieden das Ergebnis anschauen. Wenn Sie ein schönes Bild gemalt und über Ihr Sofa gehängt haben.

In der Psychologie nennen wir solche Erfahrungen Selbstwirksamkeitserfahrungen. Eine Selbstwirksamkeitserfahrung ist das Erlebnis, mit eigenem Handeln etwas bewirken zu können, sein eigenes Leben in die Hand nehmen, sich und seine Umwelt verändern zu können.

Selbstwirksamkeitserfahrungen machen glücklich und selbstbewusst.

SELBSTWIRKSAMKEITSERFAHRUNGEN MACHEN GLÜCKLICH UND SELBSTBEWUSST.

Sie sind der Schlüssel zu einem erfüllten, zufriedenen Leben, weil wir uns mit ihrer Hilfe als aktiv-handelnd empfinden können, als lebendig, als Gestalter unseres Lebens. Sehen wir uns hingegen als Opfer äußerer Einflüsse, äußerer Zwänge, passiv-ausgeliefert, dann sind wir unglücklich.

Als Kind machten wir Selbstwirksamkeitserfahrungen am laufenden Band. Und natürlich machen wir sie auch später im Leben noch – allerdings leider nicht mehr so oft wie früher. Denn im Lauf unseres Lebens sagen uns immer öfter die Menschen um uns herum, was wir zu tun *haben*. Sie bringen uns bei, dass es bestimmte Regeln gibt – zuerst in der Familie, im Kindergarten, in der Schule. Heute im Berufsleben. In der Freizeit. In der Partnerschaft. Wenn wir Schokolade wollten, bekamen wir früher vielleicht zu hören „Schokolade ist ungesund", und wenn wir riefen: „Ich *will* aber Schokolade!", dann bekamen wir als Antwort darauf einen Satz, der unser Leben nach und nach verändern sollte:

„Es kommt nicht darauf an, was du willst!"

Heute sind wir erwachsen. Theoretisch können wir unser Leben selbst gestalten, viel stärker als früher, könnten eine Selbstwirksamkeitserfahrung nach der anderen machen. Aber auch heute schreien uns alle förmlich entgegen: „Es kommt nicht darauf an, was du willst!" Nur merken wir das gar nicht mehr so richtig. Für alles gibt es tausend Möglichkeiten. Unser Leben ist vielleicht voll von Aktivität, oberflächlich haben wir alles ganz gut unter Kontrolle. Aber wenn wir ehrlich sind, wenn wir in einer ruhigen Minute über unser Leben nachdenken, dann spüren wir oft: Es ist nicht ganz das Leben, das wir uns einmal vorgestellt haben.

Heute sagt man uns „Das macht man so", „Das darfst du nicht", „Das kannst du nicht" zwar nicht mehr so ausdrücklich wie damals unsere Eltern oder Lehrer, deshalb fällt es uns oft nicht auf. Und doch übt die moderne Gesellschaft rund um die Uhr Zwänge auf uns aus, die unser Leben fest im Griff haben. Die uns genau diese Sätze immer und immer wieder einflüstern, bis wir es gar nicht mehr merken. Wir beweisen es Ihnen in den nächsten Kapiteln. Sie werden erstaunt sein, wie fremdgesteuert das moderne Leben ist, auch wenn es auf den ersten Blick nicht so aussieht.

NICHT OHNE GRUND ANTWORTEN WIR AUF DIE FRAGE „WIE GEHT'S?" HÄUFIG: „ES MUSS."

Nicht ohne Grund antworten wir auf die Frage „Wie geht's?" häufig: „Es muss."

Wunschlos unglücklich

Weil so viele moderne Zwänge unser Leben heute steuern, hören wir unsere Bedürfnisse oft nicht mehr gut. Wir haben den Kontakt zu unserem Herzen verloren, aus dessen Tiefe die Wünsche kommen und das uns mit diesen Wünschen erfüllen, ja völlig einnehmen kann.

Viele von uns haben die Verbindung zu sich selbst verloren.

Wir sind wunschlos unglücklich geworden.

WIR SIND WUNSCHLOS UNGLÜCKLICH GEWORDEN.

Kaum jemand kann heute noch formulieren, was er eigentlich will. Das fängt schon früh an. Ein Fernsehredakteur erzählte uns dazu die folgende Geschichte.

Mich rief einmal Sarah an, die Freundin eines Freundes. Sie war 21 Jahre alt und hatte gerade ein kommunikationswissenschaftliches Studium begonnen. Sie suchte einen Praktikumsplatz und bat mich, ihre Bewerbung mit einer persönlichen Empfehlung im Haus weiterzuleiten. Das wollte ich gern tun – aber natürlich wollte ich wissen, an *wen genau* ich ihre Bewerbung geben sollte.

„In welcher Abteilung möchtest du denn dein Praktikum machen?", fragte ich Sarah also.

Ihre Antwort: „Zu meinem Studium passt eigentlich vieles: Nachrichtenredaktion, Spielfilmredaktion, Pressestelle, aber auch Marketing oder Unternehmensstrategie."

„Ja, das ließe sich sicher alles irgendwie begründen", unternahm ich einen weiteren Versuch. „Aber was würdest du denn *am liebsten* machen?"

„Wir müssen ein sechswöchiges Praktikum im Grundstudium machen. All diese Abteilungen würden dafür anerkannt werden und wären auch gute Referenzen für meine weitere Laufbahn."

„Das habe ich schon verstanden. Aber einfach mal angenommen, du hättest die freie Wahl: Was *willst* du denn machen?"

Am anderen Ende der Leitung herrschte einen Moment Stille. Sarah fühlte sich offenbar bedrängt. Unsicher stellte sie schließlich eine Gegenfrage: „Worauf willst du denn jetzt hinaus?"

Als kleines Kind hatte Sarah sicher noch kein Problem damit zu artikulieren, was sie wollte – selbst wenn ihr Wortschatz noch eingeschränkt gewesen sein mag. „Selber essen!", mag sie zum Beispiel trotzig gesagt haben, wenn ihre Mutter sie füttern wollte. Aber heute, fast 20 Jahre später, wo ihr Wortschatz ihr keine Grenzen mehr setzt: Da lässt sie die einfache Frage „Was willst du?" überrumpelt und ratlos zurück. Und das liegt nicht daran, dass sie die Optionen nicht kennt – sie selbst hat die Wahl*möglichkeiten* zutreffend aufgezählt.

Nur eine Wahl *treffen*, das kann sie nicht. Sie weiß, was zu ihrem Studium passt, was die Prüfungsordnung vorschreibt, was sich gut im Lebenslauf macht – und fragt sich am Schluss, was ihr Gegenüber hören will.

Diese Szene ist leider sehr typisch für unsere Zeit. „Oft hört man auf die Nachfrage, warum jemand denn dieses oder jenes Praktikum gemacht hat: ‚Ich habe das halt bekommen.'", sagt Steve Riedel, Geschäftsführer der Praktikumsbörse praktika.de im Interview mit der *Frankfurter Allgemeinen Zeitung*.

Testen Sie es einfach einmal selbst: Fragen Sie jemanden geradeheraus, was er will – Sie werden meist eine ebenso verblüffte Ratlosigkeit ernten wie der Redakteur in unserem Beispiel.

Treffend hat die bekannte amerikanische Ratgeberautorin Barbara Sher dieses Phänomen schon im Titel ihres erfolgreichen Buches *Ich könnte alles tun, wenn ich nur wüsste, was ich will* auf den Punkt gebracht. Sie beschreibt darin, wie vor allem unsere Familie in unserem inneren Betriebssystem das „Ich will" durch ein „Du sollst" ersetzt.

Sicher haben familiäre Erwartungen ihren Anteil daran, dass wir den Kontakt zu unseren wahren Bedürfnissen, zu unserem echten Selbst, verloren haben. Aber wir gehen in diesem Buch noch ein paar Schritte weiter. Wir betrachten die moderne Gesellschaft.

Spinne ich oder spinnen die anderen? Die Zwangserkrankungen unserer Gesellschaft

Die Gesellschaft hat inzwischen ein so dichtes Netz aus Zwängen um uns herum aufgebaut, dass diese Zwänge jeden Winkel unseres Lebens bestimmen. Und wir selber machen fleißig mit: indem wir diese Zwänge akzeptieren, leben, verfestigen, weitergeben. Und das, ohne es auch nur zu merken.

Denn das Perfide ist: Viele dieser modernen Zwänge sind unter dem Deckmantel der Freiheit entstanden. Und sie blühen und gedeihen unter diesem Deckmantel. Formal betrachtet, war selten eine Gesellschaft so frei wie unsere heute. Formal betrachtet, konnten die Menschen noch nie so individuell leben und entscheiden wie heute. Formal betrachtet, standen uns noch nie so viele Möglichkeiten offen und waren wir noch nie so unabhängig darin, uns ein maßgeschneidertes Leben zusammenzustellen, das ganz und gar unseren Wünschen und Bedürfnissen entspricht.

Formal betrachtet.

Wir haben festgestellt:

Die Freiheit hat den Zwang gebracht. Nie haben wir so unfrei gelebt wie heute.

> **DIE FREIHEIT HAT DEN ZWANG GEBRACHT. NIE HABEN WIR SO UNFREI GELEBT WIE HEUTE.**

Dass mehr Freiheit mehr Unzufriedenheit bringen kann, klingt zunächst paradox. Aber jeder von uns kennt das zum Beispiel aus dem Restaurant: Gibt es im Bistro nebenan nur eine Tageskarte mit drei Gerichten, so sind wir mit unserer Wahl meist zufrieden, egal, wie sie ausgefallen ist. Brüten wir im China-Restaurant über einer Karte mit 200 Gerichten (jeweils mit oder ohne Knoblauch, mit weißem Reis oder Gemüsereis, gebraten oder gekocht …), so sind wir mit unserer Wahl in der Regel unglücklich, egal, wie sie ausgefallen ist. Ähnlich geht es uns, wenn wir unter 200 Handytarifen wählen sollen. Wir sind überzeugt, dass wir noch eine perfektere Wahl hätten treffen können, wenn wir nur auf alles geachtet und alle Regeln befolgt hätten. Mit steigender Auswahl sinkt die Zufriedenheit. Das „Paradox der Wahl" nennt es der Psychologe Barry Schwartz.

Zahlreiche Studien belegen: Wir werden trotz immer mehr Freiheit immer unzufriedener. Eine der interessantesten davon ist eine Untersuchung über den Zusammenhang von Freiheit und Glück bei Frauen. Die Professoren Betsey Stevenson und Justin Wolfers von der Universität von Pennsylvania haben in ihrer Studie „The Paradox of

Declining Female Happiness" herausgefunden: Obwohl sich die Situation der Frauen in den letzten Jahrzehnten immer mehr verbessert hat, obwohl Frauen im Vergleich zu früher viel mehr Eigenständigkeit und viel mehr Wahlmöglichkeiten haben, sind sie unzufriedener geworden.

Dieses Schicksal hat uns heute alle ereilt, und es breitet sich dramatisch aus: Bei der Arbeit hetzen wir den Karriere-„Möglichkeiten" hinterher, selbstverständlich in „flexiblen" Modellen. Nach der Arbeit treiben uns die Freizeit-„Möglichkeiten", wir „gestalten" unser Leben „aktiv" mit Erlebnis-Sushi und haben im Terminkalender Zeit „für uns" beim Meditationskurs stehen.

Doch „für uns" machen wir schon lange nichts mehr.

DOCH „FÜR UNS" MACHEN WIR SCHON LANGE NICHTS MEHR.

Weil der Zwang seinen schillernden Deckmantel „Freiheit" trägt, merken wir oft gar nicht, dass wir nur noch funktionieren. Dass wir mit jedem Schritt, mit jeder Pore, nur noch äußeren Zwängen entsprechen. Dass wir unsere wahren Bedürfnisse schon lange nicht mehr gespürt haben.

Sie glauben nicht, dass wir heute fast rund um die Uhr Zwängen folgen? Halten sich für einen freien Menschen in einer freien Zeit? Wir beweisen Ihnen das Gegenteil! Wenn Sie bis hierher gelesen haben, dann gehen wir davon aus, dass Sie die eingangs beschriebene Sehnsucht nach *Ihrem* Leben in sich spüren – sonst hätten Sie nicht weitergeblättert, wahrscheinlich dieses Buch erst gar nicht in die Hand genommen. Wenn Sie ständig den Eindruck haben, dass *Ihr* Leben immer noch nicht begonnen hat, und wenn Sie darüber unglücklich sind: Dann kann das gut daran liegen, dass Ihnen die glücklich machenden Selbstwirksamkeitserfahrungen fehlen, über die wir eben sprachen – die Erfahrung, Ihr Leben selbst in der Hand zu haben, Ihr Leben selbst nach Ihren Bedürfnissen und Wünschen zu steuern.

Das liegt daran, dass Ihre inneren Wünsche durch äußere Zwänge ersetzt worden sind, dass das „Ich will" dauerhaft durch ein „Du sollst" überlagert ist.

Wir zeigen Ihnen den Weg zurück zur echten Freiheit.

Im Zusammenhang mit Zwangs*erkrankungen* ist gut erforscht, wie sich Zwänge auf Menschen auswirken. Eine Zwangserkrankung liegt vor, wenn bestimmte Gedanken oder Handlungen bei Menschen immer wieder auftreten und dabei den normalen sozialen Alltag der Menschen beeinträchtigen – sodass die Menschen diese Handlungen oder Gedanken als quälend empfinden. Ein Beispiel ist der Kontrollzwang: Jemand verlässt das Haus, geht aber dann noch mehrmals zurück, um zu kontrollieren, ob er auch wirklich die Kaffeemaschine abgeschaltet hat. Je nach Ausmaß behindern solche Zwänge ein normales soziales Leben schwer oder machen es sogar unmöglich.

Die Betroffenen leiden deshalb so sehr unter einer Zwangserkrankung, weil ein Teufelskreis dafür sorgt, dass sie sich immer weiter von sich selbst entfremden, dass sie den Kontakt zu sich selbst verlieren: Der äußere Zwang führt dazu, dass sie ihre wahren Bedürfnisse vernachlässigen. Das erzeugt Frust, macht unglücklich und unsicher. Als Folge suchen die Betroffenen Halt und Orientierung, orientieren sich noch stärker an äußeren Regeln. Dadurch entfremden sie sich noch weiter von sich selbst, nehmen ihre eigenen Bedürfnisse noch weniger wahr. Sie werden noch entscheidungsschwächer, noch unsicherer. Suchen noch stärker Halt in äußeren Regeln. Und der Kreislauf beginnt von vorne ...

Wie dieses Buch Ihr Leben verändern wird

Je mehr also Zwang unser Leben bestimmt, desto weniger Selbstwirksamkeitserfahrungen machen wir, desto unglücklicher werden wir und desto stärker ziehen wir uns aus unserem eigenen Leben zurück – um dann wieder Halt und Orientierung in äußeren Zwängen zu suchen. Was uns dabei so unglücklich macht, ist die Entfremdung von uns selbst. Nicht ohne Grund leidet ein Großteil der Menschen mit Zwangserkrankungen auch an Depressionen.

Genau der gleiche Teufelskreis kommt in Gang, wenn unser Leben ständig durch äußere gesellschaftliche Zwänge bestimmt wird.

Mehr noch – wir behaupten:

Unsere gesamte Gesellschaft leidet heute an einer Reihe von Zwangserkrankungen.

UNSERE GESAMTE GESELL-SCHAFT LEIDET HEUTE AN EINER REIHE VON ZWANGS-ERKRANKUNGEN.

Das fällt nur nicht weiter auf, denn wir haben ja gerade als wichtiges Kriterium für die Diagnose „Zwangserkrankung" genannt: dass der individuelle, von Zwängen geprägte Lebensstil eine Teilhabe am normalen sozialen Leben beeinträchtigt. Wer alle fünf Minuten zu Hause seine Kaffeemaschine kontrolliert, weicht eben stark von der sozialen Norm ab.

Nun *sind* aber die modernen gesellschaftlichen Zwänge längst zur sozialen Norm geworden – deshalb sind sie so gut getarnt. Wie und warum diese Tarnung so gut funktioniert, das zeigen wir Ihnen in den nächsten Kapiteln. Es verhält sich hier genau umgekehrt: Die Zwangserkrankungen unserer Gesellschaft beeinträchtigen unseren individuellen Lebensstil.

In diesem Buch helfen wir Ihnen, aus diesem Hamsterrad auszusteigen. Dabei gehen wir gemeinsam vier Schritte:

- Erstens identifizieren wir die Zwänge der modernen Gesellschaft, in verschiedenen Teilen unseres Lebens, beruflich und privat. Wir reißen den Zwängen den Deckmantel der Freiheit herunter und erkennen gemeinsam, wie fremdbestimmt dieses ach so freie Leben ist, das wir heute führen.
- Zweitens lernen wir, uns von diesen Zwängen zu befreien. Die Hauptarbeit hierfür haben wir bereits dadurch erledigt, dass wir die Zwänge als Zwänge identifiziert haben. Nun lernen wir die Gegenspieler der Freiheit kennen – wir sehen, dass uns paradoxerweise gerade das Bedürfnis, unser Leben zu kontrollieren, besonders anfällig für äußere Zwänge macht.

- In einem dritten Schritt holen wir uns das zurück, was uns heute so schmerzlich fehlt: den Kontakt zu unserem Innern, zu unseren Bedürfnissen. Wir lernen, unsere Wünsche wieder zu spüren. Und wir lernen wieder, dass es nicht nur eine *Rolle spielt*, was wir wollen, sondern dass dies die alles entscheidende Frage unseres Lebens ist – wenn es ein *glückliches* Leben sein soll.
- Viertens schneidern wir uns einen ganz eigenen Lebensentwurf auf den Leib, aus unseren neu entdeckten Bedürfnissen und Wünschen. Wir zeigen Ihnen: Für jedes Bedürfnis gibt es viele ganz unterschiedliche Arten, es zu befriedigen. Wenn wir als Kind nicht draußen Dreirad fahren konnten, weil es regnete, dann wussten wir zwar, was wir wollten – aber wir blieben frustriert zurück, wenn uns dieser konkrete Wunsch nicht erfüllt wurde. Als Erwachsene können wir ermitteln, welches Bedürfnis hinter diesem Wunsch steht – und uns für dieses Bedürfnis dann die Art der Befriedigung suchen, die unter unseren jeweiligen Lebensumständen machbar und auch mit den Bedürfnissen unserer Mitmenschen vereinbar ist. Wir haben eine Technik für Sie entwickelt, die Ihnen genau das ermöglicht.

Aller guten Zwänge sind zwei – wie andere Ihr Leben steuern

Wir unterscheiden in diesem Buch zwischen zwei Arten von Zwang: dem direkten Zwang und dem indirekten Zwang.

Als direkten Zwang bezeichnen wir den Zwang durch eine unmittelbare körperliche Einwirkung. Diese Einwirkung bringt Sie dazu, etwas zu tun oder nicht zu tun. Ein paar Beispiele:

- Jemand schließt Sie in einem Zimmer ein.
- Jemand mischt Ihnen ein Schlafmittel in den Cocktail.
- Jemand führt Ihre Hand, während Sie Ihr Testament schreiben.
- Jemand fesselt Sie mit Handschellen und liefert Sie in einem Yoga-Kurs ab.

Diese Art von Zwang können wir auch „absolute Gewalt" nennen. Sie führt nicht dazu, dass Sie Ihren Willen ändern: Der Eingeschlossene will weiterhin den Raum verlassen, der Betäubte aufstehen, die Testamentsverfasserin einen anderen Erben einsetzen, der Yoga-Besucher nicht zum Yoga gehen. Sind Sie Opfer eines solchen Zwangs, dann ist Ihr Wille unbeeinflusst. Sie können ihn aber nicht mehr verwirklichen. Der direkte Zwang ist also ein Angriff auf Ihre Willens*verwirklichung*; Sie handeln *gegen* Ihren Willen.

Direkter Zwang vollzieht sich in zwei Akten:

**Zwangsausübung
= körperliche Einwirkung**

↓

erzwungene Handlung

Ganz anders funktioniert der indirekte Zwang. Er geht einen Umweg über Ihren Willen; er verändert Ihren Willen. Indirekter Zwang funktioniert so: Jemand droht Ihnen mit einem Nachteil, wenn Sie sich in bestimmter Weise verhalten oder nicht verhalten. Zum Beispiel:

- Ihr Partner droht mit Liebesentzug, wenn Sie sich allein mit Freunden treffen wollen.
- Ein Verwandter wird Sie im Alter nicht pflegen, wenn Sie ihn nicht als Haupterben in Ihrem Testament einsetzen.
- Ihre Arbeitskollegin spottet über Sie, wenn Sie als Einzige aus der Abteilung nicht zum Yoga gehen.

In all diesen Fällen können Sie Ihren ursprünglichen Willen grundsätzlich verwirklichen. Sie können sich auch *gegen* das entscheiden, was jemand von Ihnen verlangt. Sie nehmen dann das angedrohte Übel in Kauf: Sie können in die Kneipe gehen und damit rechnen, dass Ihr Partner schmollt, wenn Sie zurückkommen. Sie können Ihren Verwandten im Testament übergehen, dann müssen Sie sich aber möglicherweise im Alter nach einer anderen Pflegekraft umschauen.

Sie können sich gegen den Yoga-Kurs entscheiden – und riskieren damit, von der Kollegin missachtet zu werden. Wenn Sie doch zum Yoga gehen, dann haben Sie Ihren Willen geändert, als bewusste Entscheidung, um drohende Nachteile zu vermeiden.

Sind Sie indirektem Zwang ausgesetzt, dann handeln Sie also niemals gegen Ihren Willen, sondern stets *mit* Ihrem Willen. Je schlimmer das angedrohte Übel ist, desto stärker sind Sie aber darin eingeschränkt, sich einen freien Willen zu bilden oder Ihren freien Willen beizubehalten. Der veränderte Wille entspricht nicht mehr Ihrem ursprünglichen Willen, den Sie ohne die Zwangseinwirkung gehabt hätten. Der indirekte Zwang ist also ein Angriff auf Ihre Willens*bildung*; er *verändert* Ihren Willen.

Indirekter Zwang vollzieht sich in drei Akten:

Zwangsausübung
= Drohung mit Nachteilen

↓

Willensbeeinflussung
= bewusste Entscheidung, die Nachteile zu vermeiden

↓

erzwungene Handlung

Direkter Zwang bricht den Willen. Indirekter Zwang beugt den Willen.

Wir haben Ihnen versprochen: Dieses Buch befreit Sie von Zwängen. Woran merken Sie denn nun überhaupt, dass Sie sich erfolgreich von einem Zwang befreit haben? Wenn Sie die jeweils letzte Stufe auf den beiden Schaubildern vermeiden: die erzwungene Handlung. Wenn Sie Ihren ursprünglichen Willen beibehalten und auch umsetzen. Das können Sie erreichen, indem Sie den Zwangsablauf auf einer der vorherigen Stufen durchbrechen.

DIREKTER ZWANG BRICHT DEN WILLEN. INDIREKTER ZWANG BEUGT DEN WILLEN.

Sind Sie körperlichem Zwang ausgesetzt, so brauchen Sie eine Hilfe, die wir mit diesem Buch nicht direkt leisten können. Denn die Schaubilder zeigen: Beim direkten Zwang haben Sie nur einen einzigen Ansatzpunkt, das Geschehen zu durchbrechen. Aus körperlichem Zwang können Sie sich nur befreien, indem Sie die Quelle des Zwangs selbst ausschalten. Sie können sich also zum Beispiel körperlich wehren oder dafür sorgen, dass die Quelle des Zwangs aus Ihrer Umgebung verschwindet. Körperlicher Zwang ist leider verbreiteter, als wir denken. Wenn Sie dem ausgesetzt sind, können Sie zum Beispiel in Ihrem Umfeld oder bei staatlichen Institutionen um professionelle Hilfe bitten.

Noch viel häufiger allerdings als körperlichem Zwang unterliegen wir indirekten Zwängen. Wir behaupten: *Jeder* leidet unter indirekten Zwängen! Sie hindern uns daran zu leben. Von diesen Zwängen befreien wir Sie in diesem Buch.

Beim indirekten Zwang zeigt Ihnen das Schaubild: Es gibt *zwei* Ansatzpunkte, das Zwangsgeschehen zu durchbrechen.

Kaufen Sie sich Popcorn und schauen Sie Ihrem Leben von außen zu

Sie können auf der zweiten Stufe ansetzen. Beim indirekten Zwang ändern Sie bewusst Ihren Willen, um drohende Nachteile zu vermeiden. Sie können aber auch bei Ihrem ursprünglichen Willen bleiben. Sie können für sich abwägen und dann entscheiden: Was ist schlimmer – die drohenden Nachteile zu ertragen oder die erzwungene Handlung? Ist es schlimmer, mich am Abend mit Yoga zu quälen, obwohl ich das ursprünglich nicht wollte – oder die mitleidigen Blicke der Kollegin am nächsten Tag zu erdulden, wenn ich den Abend einfach mit einer Tüte Erdnuss-Flips vor dem Fernseher verbringe?

Der Philosoph und Freiheitsdenker Reinhard K. Sprenger bringt das in seinem Buch *Die Entscheidung liegt bei dir!* mit dem Wort „Preisvergleich" nüchtern auf den Punkt:

Wir wählen ständig zwischen Alternativen und vergleichen Preise.

Welchen Preis hätte es, meinem Chef zu kündigen, über den ich mich jeden Tag so ärgere? Endlich meinen Traum wahr zu machen und nach Neuseeland auszuwandern? Und welchen Preis hätte es, in diesem Job zu bleiben? Jede Entscheidung lässt sich auf einen nüchternen Preisvergleich reduzieren, und wenn wir uns für die eine Alternative entscheiden, dann war uns der Preis für die andere zu hoch. Sprenger denkt diesen Gedanken konsequent zu Ende. Wer über Stress als Vater oder Mutter klagt und das mit der Verantwortung gegenüber seinem Kind begründet, dem entgegnet Sprenger: „Verantwortung ist wählbar. Und abwählbar."

WIR WÄHLEN STÄNDIG ZWISCHEN ALTERNATIVEN UND VERGLEICHEN PREISE.

Wir setzen noch weiter vorne an, nämlich bereits auf der ersten Stufe des Zwangsgeschehens: bei der Quelle des Zwangs selbst. Auch von indirektem Zwang können Sie sich befreien, indem Sie den Zwang selbst ausschalten. Der indirekte Zwang entsteht dadurch, dass Ihnen jemand mit einem Nachteil droht, wenn Sie sich nicht in einer bestimmten Art und Weise verhalten.

Wie schalten Sie diesen Zwang aus? Indem Sie dem Nachteil den Schrecken nehmen!

Wenn Sie erkennen, dass der Nachteil ein Phantom ist, dass möglicherweise gar nichts geschieht, wenn Sie einfach das tun, was Sie wollen, dass zum Beispiel der mitleidige Blick der Kollegin Sie eher amüsieren als verunsichern sollte – dann haben Sie den Zwang gleich am Anfang k.o. gemacht. Dann brauchen Sie erst gar keine Preise mehr zu vergleichen.

Diesen Weg gehen wir mit Ihnen in diesem Buch.

Wir öffnen Ihnen die Augen dafür, wo in unserer modernen Gesellschaft überall indirekte Zwänge lauern. Wir haben ja bereits festgestellt: Viele moderne Zwänge kommen im Gewand der Freiheit daher. Aber wehe, wir nehmen diese Freiheit nicht so wahr, wie es sich geziemt! Vieles in unserem Leben tun wir, weil wir glauben, es entspreche der gesellschaftlichen Norm. Und die Gesellschaft bestrafe es, wenn jemand von der Norm abweicht. So reflexartig richten wir einen großen Teil unseres Lebens an dieser „Norm" aus, dass wir gar nicht mehr merken, wie fremdgesteuert wir dabei sind.

Wir zeigen Ihnen, wie absurd diese modernen Zwänge sind – wie sie entstanden sind, wohin sie führen, was passiert, wenn wir sie konsequent zu Ende denken. Wir haben herausgefunden: Viele Zwänge und Einschränkungen haben sich im Arbeitsleben herausgebildet, sind dort gehegt, gepflegt und gehätschelt worden – und schließlich auch in unser Privatleben übergeschwappt. Wir strampeln inzwischen rund um die Uhr im Hamsterrad, das früher „nur" das Synonym für die Tretmühle am Arbeitsplatz war.

VIELE ZWÄNGE UND EINSCHRÄNKUNGEN HABEN SICH IM ARBEITSLEBEN HERAUS-GEBILDET …

Wir sind gefangen in einer Hamsterrad-Verschwörung.

Wenn Sie lachen müssen, während Sie die nächsten Kapitel lesen, dann ist das beabsichtigt: Je mehr Sie erkennen, bei welch absurdem Zirkus wir mitspielen, desto leichter ist es, aus diesem Zirkus auszusteigen, sich eine Tüte Popcorn zu kaufen und das absurde Treiben amüsiert aus der Ferne zu verfolgen.

Dann geschieht das Erstaunliche: Je mehr Sie erkennen, wie Sie sich von fremden Normen leiten lassen, wie absurd und ungerechtfertigt diese Normen aber sind – desto kraftvoller reift in Ihnen eine Erkenntnis. Diese Erkenntnis ist wunderbar befreiend. Sie lautet:

Ihr könnt mich mal gern haben! Wenn ich diesen absurden Zirkus nicht mehr mitmache, passiert mir genau – gar nichts!

Sie sehen plötzlich: Es drohen Ihnen gar keine Nachteile, wenn Sie sich von den modernen Normen verabschieden – wenn Sie *nicht* 238

… UND SIND INS PRIVAT-LEBEN ÜBER-GESCHWAPPT.

Überstunden vor sich herschieben, wenn Sie *nicht* den neuesten Lippenstift in Quinacridone Magenta haben, wenn Ihre Kinder *nicht* schon im Mutterleib Chinesisch lernen! Viele unserer heutigen „Leitsterne" sind so absurd, dass es sogar das einzig Vernünftige ist, sich von ihnen ein für alle Mal zu verabschieden. Wenn wir das *nicht* tun, *dann* drohen die Nachteile!

Legen wir los und schauen uns diesen absurden Zirkus an. Vorhang auf! Nehmen Sie Ihr Popcorn zur Hand …

ZWEI

Warum wir ständig das fünfte Rad am Wagen anschrauben

Der absurde Leistungszwang

Was halten Sie von folgendem Wunderwerk der Technik: einer kleinen schwarzen Box, die auf alle Uhren in ihrer Umgebung eine magische Kraft ausübt? Sie sorgt dafür, dass die Tage immer kürzer werden, und zwar jedes Jahr um zwei Stunden. In sechs Jahren ist unser Tag nur noch halb so lang wie heute, in zehn Jahren hat er nur noch vier Stunden.

Der Inhalt unserer Tage bleibt dabei aber gleich: aufstehen, Kinder in die Schule bringen, arbeiten, essen, Freunde treffen, Haushalt managen, fernsehen, schlafen.

In der verbleibenden Zeit müssen wir also ständig unsere Leistung steigern. In zwölf Jahren müssen wir alles, was wir heute an einem Tag erledigen, buchstäblich „in null Komma nichts" schaffen.

Finden Sie seltsam? Wäre nicht machbar?

Wir haben es lange Zeit gar nicht bemerkt. Aber dieses Wunderwerk tragen wir längst mit uns herum! Irgendjemand hat es uns vor Jahren heimlich in die Hosentasche gesteckt. Es wirkt über-

> **DIE TAGE BLEIBEN ZWAR GLEICH LANG – ABER WAS WIR IN DERSELBEN ZEIT LEISTEN SOLLEN, STEIGT STÄNDIG AN.**

all – in unserem Wohnzimmer, in unserer Küche, in unserem Schlafzimmer und vor allem: in unserem Büro.

Die Tage bleiben zwar gleich lang – aber was wir in derselben Zeit leisten sollen, steigt ständig an.

Unaufhörlich. Jahr für Jahr, Tag für Tag. Die Wirkung ist die gleiche: Irgendwann, an einem Zeitpunkt, den wir uns ausrechnen können, müssen wir alles, was wir heute an einem Tag erledigen, buchstäblich „in null Komma nichts" schaffen.

Das kleine Gerät wurde in der Arbeitswelt erfunden – hat seine Wirkung in den letzten Jahren aber auch auf unser Zuhause und unsere Freizeit ausgedehnt.

Kleine Geschenke erhalten den Arbeitsplatz: die 105-Prozent-Lösung

Lange Zeit gab es eine stille Übereinkunft zwischen Arbeitgeber und Arbeitnehmer: Wer seine normale Arbeit normal erledigte – also pünktlich und für den Arbeitgeber gut brauchbar –, der war geschätzt und respektiert. Ein zuverlässiger Mitarbeiter. Mehr noch: Er konnte sich der Loyalität seines Arbeitgebers sicher sein. Wer seine Arbeit zuverlässig erledigte, behielt nicht nur seinen Arbeitsplatz. Der Chef belohnte ihn meist auch mit einem kontinuierlichen Aufstieg.

Schauen wir uns heute ein paar Formulierungen aus Stellenanzeigen an. Gesucht werden heute grundsätzlich keine Menschen mehr, keine Kandidaten oder Mitarbeiter, sondern ausschließlich „Persönlichkeiten". Das „Profil" dieser Persönlichkeiten soll mindestens aufweisen:

- „überdurchschnittliches Fachwissen",
- „Leistungsbereitschaft weit über das normale Maß hinaus",
- „Bereitschaft zu Dienstreisen auch abends und am Wochenende",

- „außergewöhnliche Kommunikationsfähigkeiten",
- „mindestens dreijährige Berufserfahrung in vergleichbarer Position mit nachweisbaren überdurchschnittlichen Erfolgen".

Diese Attribute sind ein Querschnitt aus dem Stellenteil eines einzigen Samstags in einer einzigen Zeitung. Nun kann man sagen: Das sind eben alles Karrierestellen, dafür braucht man halt auch außergewöhnliche Qualifikationen. Schauen wir uns also an, was für Einsteigerpositionen heute so verlangt wird:

- „mit überdurchschnittlichem Erfolg abgeschlossenes Hochschulstudium",
- „erste, durch Praktika belegte Berufserfahrung",
- „verhandlungssichere Englischkenntnisse",
- „Nachweis erster Führungskompetenzen auch durch außeruniversitäres Engagement",
- „Leistungsbereitschaft außerhalb eines ‚Nine-to-Five'-Denkens".

Merken Sie was? Kein Unternehmen sucht heute mehr den „normalen Angestellten", der „normale" Arbeit erledigt. Wenn in Ihrem Arbeitszeugnis heute steht, Sie hätten Ihre Arbeit immer „sorgfältig und zuverlässig" erledigt – dann ist das ein glatter Schlag ins Gesicht, mit dem Sie nur schwer einen neuen Job finden werden. Das Interesse anderer Arbeitgeber wecken Sie heute nur mit einer Formulierung, die so spitzenmäßig ist, dass wir dafür sogar ein eigentlich nicht vorhandenes und grammatikalisch auch wenig überzeugendes Wort erfunden haben: die „vollste" Zufriedenheit – „stets", versteht sich.

Die „normale Arbeit" hat ihren ehrenwerten Status verloren.

Wenn sie überhaupt noch jemand näher wahrnimmt, dann eher mit abfälligem Augenbrauenhochziehen: Die ganz normalen Mitarbeiter werden intern häufig als „B-Player" bezeichnet. Für die Personalentwicklung zählen praktisch nur die sogenannten

DIE „NORMALE ARBEIT" HAT IHREN EHRENWERTEN STATUS VERLOREN.

„High-Potentials": die Menschen, die ständig über sich hinauswachsen, ständig noch eins draufsetzen, die Spirale ständig weiterdrehen.

Kerstin, 28, Junior Editor bei einem Verlag: „Als ich hier angefangen habe, gab es eine Willkommensveranstaltung für die neuen Mitarbeiter. Dabei haben wir ein Kennenlern-Spiel gemacht: Jeder hat einen ‚Laufzettel' bekommen und sollte neue Kollegen finden, die bestimmte Voraussetzungen erfüllen: Zum Beispiel jemanden, der schon mal ein Unternehmen gegründet hat, der Inhaber eines Patents ist, der länger im Ausland gelebt hat. Als ‚normaler' Mensch habe ich mich da ziemlich fehl am Platz gefühlt ..."

Die Wirtschaftsprofessoren Robert H. Frank und Philip J. Cook haben dafür schon vor einiger Zeit den Begriff der „The-Winner-takes-it-all-Gesellschaft" gefunden. Was früher nur im Sport- und Showgeschäft galt, hat sich heute auf den ganz normalen Angestelltenfluren in ganz normalen Büros ausgebreitet: Der Beste bekommt alles – alles Geld, allen Ruhm, alle Aufmerksamkeit, allen Erfolg, allen Aufstieg. Die anderen bekommen nichts. Wenn Unternehmen „Mitarbeiter des Monats" oder gar „Mitarbeiter des Jahres" küren, dann ist das ein schöner Ansporn. Aber es entwertet die normale Arbeit aller anderen, ohne die das Unternehmen nicht mehr existieren würde. Und die Top-Performer folglich auch nicht ehren könnte.

Manche Unternehmen lassen es ihre Mitarbeiter inzwischen drastisch spüren, wenn sie nicht unter den Ersten sind: Es gibt dort keine festen Büros mehr – nur temporäre Arbeitsplätze, allerdings nicht genug für alle. Wer morgens nicht lange vor Dienstbeginn da ist, sich also nicht weit überobligationsmäßig engagiert, der hat für den Tag keinen Schreibtisch. In skurriler Weise stellt das die Welt der Arbeit auf den Kopf: Nicht der Mitarbeiter gibt seinem Unternehmen etwas, nämlich seine Arbeitskraft, sondern das Unternehmen stellt ihm großzügigerweise einen Arbeitsplatz zur Verfügung – vorausgesetzt, er gehört zu den Besten. Einen Schreibtisch zu haben wird zum Lohn für Spitzenleistung.

Und genau das erwartet die Arbeitswelt heute auch von uns ganz gewöhnlichen Angestellten: Dass wir uns alle ständig selbst übertreffen – mit neuen Ideen, mit neuen Projekten, mit noch besseren Ergebnissen und noch längeren Arbeitszeiten. Das gilt im Großen wie im Kleinen: Der normale Umsatz reicht nicht mehr. Es muss heute jährlich ein neuer Rekord sein. Auch die normale Power-Point-Präsentation für die Abteilungssitzung lässt jeden Mitarbeiter blass aussehen. Es muss heute schon eine Videoinstallation sein.

Ganz unverblümt halten wir dies in Zielvereinbarungen fest: In der linken Spalte stehen die Ziele, in der rechten wird das Ziel als erreicht definiert für einen Wert „Vorjahr + 5 Prozent". Regelmäßig „einigen" sich Arbeitgeber und Arbeitnehmer auf Leistungsquoten von 105 Prozent des Vorjahres oder mehr – und davon wieder 105 Prozent oder mehr im darauffolgenden Jahr. Mit einer Selbstverständlichkeit, die heute kaum mehr jemand anzweifelt, verlangt die Arbeitswelt ihren Mitarbeitern ausdrücklich und kontinuierlich eine Leistung von über 100 Prozent ab. Nun rechnen Sie einmal nach: Setzen Sie für Ihre heutige Leistung den Wert „1" und nehmen Sie ihn mal 105 Prozent. Das können Sie ganz leicht mit einem Taschenrechner nachvollziehen, indem Sie den Wert 1 mit dem Faktor 1,05 (entspricht 105 Prozent) multiplizieren, also: „1 * 1,05 =". Sie erhalten als erstes Ergebnis den Wert 1,05. Nun brauchen Sie nur die „=" bzw. „Return"-Taste an Ihrem Rechner nochmal zu drücken, um jeweils weitere 5 Prozent zum Vorjahreswert hinzuzufügen. Jedes Mal, wenn Sie die „="-Taste drücken, können Sie sehen, wie sich die von Ihnen erwartete Arbeitsleistung von Jahr zu Jahr entwickelt. Wenn in Ihrem Display dann die Zahl „2" erscheint, bedeutet das: Sie haben Ihre Arbeitsleistung verdoppelt. Zählen Sie, wie oft Sie die „="-Taste bis dahin drücken mussten – es sind nur 15 Mal. Sie werden sehen: In diesem System müssen Sie Ihre Leistung

- nach 15 Jahren verdoppeln,
- nach 23 Jahren verdreifachen,
- nach 29 Jahren vervierfachen und
- nach 35 Jahren, also im Lauf eines durchschnittlichen Arbeitslebens, mehr als verfünffachen.

Um es bildlich auszudrücken: Wenn auf dem Schreibtisch eines Berufsanfängers jeden Tag ein 20 cm hoher Stapel zu erledigender Arbeit landet – dann ist dieser Stapel kurz vor der Rente mehr als fünfmal so hoch, also über einen Meter. Jeden Tag.

Eine ähnliche Rechnung lässt sich für die Kosten aufmachen. Hier sehen es die gängigen Zielvereinbarungen umgekehrt vor: dass jeder jedes Jahr routinemäßig 5 Prozent einspart. In 80 Jahren arbeitet Ihr Unternehmensbereich nach dieser Rechnung (theoretisch) völlig kostenfrei – während Sie alle paar Jahre Ihre Leistung verdoppeln.

Und es kommt noch schlimmer. Diese Rechnungen sind Standard für die normalen Beschäftigten. Wer sich von dieser Masse abheben, durch *besondere* Leistung herausstechen und Karriere machen will, der muss jedes Jahr schon mindestens 110 Prozent des Vorjahres leisten. Wer Karriere machen will, muss seine Leistung also

- nach 8 Jahren verdoppeln,
- nach 13 Jahren verdreifachen,
- nach 16 Jahren vervierfachen und
- nach 18 Jahren verfünffachen,
- nach 20 Jahren versechsfachen und
- nach 35 Jahren, also im Lauf eines durchschnittlichen Arbeitslebens, verfünfundzwanzigfachen!

Stellen Sie sich vor, Sie würden Ihrem Chef eine Vertragsklausel vorschlagen, nach der sich Ihr Gehalt mit der gleichen Selbstverständlichkeit in einer Aufwärtsspirale bewegt – sich ganz selbstverständlich im Lauf der Jahre verfünffacht oder gar verfünfundzwanzigfacht? Er würde Sie für verrückt erklären, denn eine solche Regel würde ihn in den Ruin treiben! Umgekehrt ist es freilich normal.

Auch wessen Leistung sich nicht so genau quantifizieren lässt, der kommt nicht damit weg, einfach nur seine normale Arbeit normal zu erledigen. Von ihm wird heutzutage erwartet, dass er ständig neue „Breakthrough Targets" erreicht, dass er „Leuchtturmprojekte" stemmt. Ständig Neues, ständig mehr. Wer „nur" kontinuierlich 100 Prozent Leistung erbringt, gilt nach diesem Prinzip als Schlecht-Leister, als Low-Performer.

Nun ist es nichts an sich Schlechtes, sich zu verbessern und zu wachsen, sein Potenzial zunehmend besser auszuschöpfen. Ganz im Gegenteil: Entwicklung ist etwas Herrliches in einem Menschenleben. Jeder Mensch kann sich weiterentwickeln und an sich arbeiten. Jeder Mensch kann sich durch besondere Leistungen von der Masse abheben und sich so profilieren.

WAS FRÜHER EINE *MÖGLICHKEIT* WAR, IST HEUTE DER NORMALE MASSSTAB – UND DAMIT GESELLSCHAFTLICHER ZWANG.

Aber damit sind wir beim Punkt.

Was früher eine *Möglichkeit* war, ist heute der normale Maßstab – und damit gesellschaftlicher Zwang.

Wer unter diesem Maßstab liegt, entwertet sich selbst. Obwohl der Wagen mit vier Rädern nicht nur gut, sondern sogar optimal funktioniert, sind wir alle ständig damit beschäftigt, noch ein fünftes Rad am Wagen anzuschrauben. Weil es sonst blöd aussieht. Sagen die anderen.

Dass dieser Zwang künstlich geschaffen ist, belegt bereits die obige Rechnung: Wenn wir als Normalbeschäftigte im Lauf eines Berufslebens mehr als fünfmal soviel leisten sollen wie heute, dann sind wir heute entweder dramatisch unterfordert, dürften zum Beispiel von einem Acht-Stunden-Arbeitstag nur gut eineinhalb Stunden für unsere Arbeit benötigen – oder es stimmt etwas mit dem System nicht. Die Rechnung für diejenigen, die sich dann noch durch besondere Leistung hervortun wollen, also jedes Jahr 110 Prozent leisten – und folglich im Lauf eines Arbeitslebens ihre Leistung mehr als verfünfundzwanzigfachen –, ist so absurd, dass wir hier gar nicht näher darauf eingehen.

Dass die Leistungsspirale nicht sachlich begründet ist, sondern ein künstliches Produkt der Gesellschaft, ergibt sich aber auch aus folgender Überlegung: Lange herrschte das traditionelle Verständnis „100 Prozent sind eine gute Leistung, mehr als 100 Prozent sind nicht möglich und auch nicht nötig". Dieses Verständnis war nicht völlig aus der Luft gegriffen. Bereits rechnerisch nicht – und zusätzlich lag ihm eine Einsicht zugrunde: Diese ganz normale Arbeit ist der wahre Wert, den die Menschen ihrem Betrieb Tag für Tag geben, der Lebensatem eines jeden Unternehmens. Wenn alle plötzlich die Arbeit am ganz normalen Alltagsgeschäft einstellen und sich nur um gut klingende neue Projekte und Durchbruchziele kümmern würden, eben um die zusätzlichen 5 Prozent, auf die am Ende alle schauen – dann würde jeder Betrieb von einer Minute auf die nächste zugrunde gehen. Wenn diese normale Arbeit nichts mehr zählt, wenn nur noch die Frage gilt „Was hast du in diesem Jahr Neues, Außergewöhnliches, Zusätzliches gemacht?" – dann reißt sich jedes Unternehmen sein eigenes Herz aus dem Leib.

Schaffe, schaffe, Gräble schaufle

Die kleine schwarze Wunder-Box in unserer Tasche hat traurige Folgen. Psychische Erkrankungen sind heute die häufigste Ursache für Erwerbsunfähigkeit; ihr Anteil ist in den vergangenen Jahren rasant gestiegen. Weit mehr als ein Drittel aller Menschen, die 2009 in Frührente gingen, waren psychisch krank. 1993 waren es noch 13 Prozent.

Die Bundesanstalt für Arbeitsschutz und Arbeitsmedizin berichtet regelmäßig zum Stand von Sicherheit und Gesundheit bei der Arbeit in Deutschland. Für den 2010 erschienenen Bericht gaben knapp 70 Prozent der Beschäftigten an, „an der Grenze der Leistungsfähigkeit" zu arbeiten.

Schätzungen zufolge nehmen bereits heute Millionen von Menschen Medikamente, um im Berufsalltag leistungsfähiger zu sein – künstlich und über das normale Maß hinaus, eben über das menschliche Maß hinaus. In Deutschland hat sich der Verbrauch des Konzentrationsmittels Ritalin seit den Neunzigern verfünfzigfacht. Doch wer sich mit Drogen zu immer mehr Leistung aufpeitscht, verkennt seine eigenen Leistungsgrenzen – nicht wenige Menschen brechen bei und wegen der Arbeit zusammen. Manche können danach nicht einmal mehr ihren eigenen Namen schreiben. Und eben schon gar nicht mehr eine Arbeit „normal" erledigen. Die Symptome für einen Burnout kommen oft schleichend.

Nils, 39, Assistent der Geschäftsführung: „Früher wachte ich meist mit den ersten Sonnenstrahlen auf, joggte eine Runde und brachte meiner Frau und den zwei Kindern auf dem Rückweg frische Brötchen mit. Die Arbeit machte mir Spaß. Ständig brachte ich neue Ideen ein und setzte sie mit viel Energie um, das war es ja auch, worauf geachtet wurde bei uns. Irgendwann wachte ich morgens sogar lange *vor* den ersten Sonnenstrahlen auf. Ich versuchte dann noch einmal einzuschlafen, aber war in Gedanken schon an meinem Schreibtisch, wälzte Probleme, glich meine Leistung mit den Vorgaben ab. Das Joggen gab ich auf, lieber ging ich gleich an den Schreibtisch."

Carla, 48, Fachkraft im Call-Center: „Im Büro hatte ich immer öfter diesen stechenden Kopfschmerz, manchmal musste ich mich plötzlich setzen, weil mir einfach schwindlig wurde. Ich konnte mich immer schlechter konzentrieren, trank mehr Kaffee, aber das half nicht. Plötzlich fing es in meinem Ohr an zu rascheln, so als würde ständig jemand neben mir Papier zerknüllen. Doch da war niemand. Das Rascheln hat mich fast wahnsinnig gemacht."

Steven, 29, Personaler: „Wenn ich abends nach Hause kam und versuchte, mit meiner Familie noch ein paar Worte zu wechseln, schlief ich immer öfter auf dem Sofa einfach ein. Als ich im Büro regelrecht zusammenbrach, lieferte mich mein Arbeitgeber ins Krankenhaus ein. Ich war dann sehr lange krankgeschrieben. An meinen Arbeitsplatz bin ich bis heute nicht zurückgekehrt."

In speziellen Trainingszentren sollen Menschen, die ihre Arbeit krank gemacht hat, wieder zurück in ein normales Leben finden. Es sind geschützte Räume, in denen ein Arbeitsalltag simuliert wird, den es

Warum wir ständig das fünfte Rad am Wagen anschrauben
Der absurde Leistungszwang

draußen, in der „echten" Arbeitswelt, so kaum noch gibt: Hier besteht die Anforderung darin, eine ganz normale Arbeit einfach ganz normal zu erledigen. Ohne dabei von einer Spitzenleistung zur nächsten traben zu müssen.

Dieser Standard ist unserem Denken inzwischen so fremd geworden, dass wir ihn völlig neu erlernen und einüben müssen.

Das Problem: Wer in diesem geschützten Raum in sein Leben zurückgefunden hat, den trifft das Leben „draußen" umso härter, wenn er den geschützten Raum verlässt. Denn die kleine Wunder-Box in unserer Tasche schlägt erbarmungslos zu.

DIESER STANDARD IST UNSEREM DENKEN INZWISCHEN FREMD GEWORDEN.

Es muss in einem Leben doch mehr als alles geben

Das alles war erträglicher in einer Zeit, in der wir uns wenigstens nach Feierabend ausruhen konnten. Doch auch diese Zeit ist längst vorbei. Unsere Wunder-Box – den Leistungsdruck – können wir leider auch nach Feierabend nicht mehr abschalten. Aus der Arbeitswelt ins Privatleben übernommen haben wir längst den Zwang, unsere Leistung ständig zu steigern. Die Zielvereinbarung „Vorjahr + 5 Prozent" schließen wir jedes Jahr auch mit unserem privaten Umfeld ab. Das ist so selbstverständlich, dass es keiner ausspricht. Aber es gilt, und zwar in allen Kategorien unseres Lebens.

DIE ZIELVEREINBARUNG „VORJAHR + 5 PROZENT" SCHLIESSEN WIR JEDES JAHR AUCH MIT UNSEREM PRIVATEN UMFELD AB.

Ihr Partner – hoffentlich ein Überflieger

Schauen wir uns weitere Stellenanzeigen an. Gesucht werden Kandidaten mit folgenden Profilen:

- „mit überdurchschnittlichem Erfolg abgeschlossenes wissenschaftliches Hochschulstudium, ergänzt durch eine Promotion oder vergleichbare Zusatzqualifikation",
- „fließend in Französisch und einer weiteren, nicht notwendig europäischen Fremdsprache",
- „kreativer Künstler und doch auch pragmatischer Lebens-Manager",
- „ein Überflieger, der zu den besten seiner Zunft gehört, aber auch die Regeln des Genießens und Erlebens kennt",
- „eine Persönlichkeit der Gegensätze, intelligent und warmherzig, neugierig und gelassen",
- „Fotosammlung in der eigenen Wohnung in Paris? Tanzbein in Madrid? Selbst geschriebene Lieder am Lagerfeuer?"

Zu besetzen sind all diese Stellen zum nächstmöglichen Zeitpunkt – doch diesmal sind es keine Unternehmen, die suchen. Die Formulierungen stammen aus privaten Kontaktanzeigen. Ist es nicht erschreckend, wie sich Stellenmarkt und Heiratsmarkt inzwischen ähneln?

Auch in der Liebe werden längst keine normalen Menschen mit normalem Leben mehr gesucht. Der Durchschnittsmensch braucht sich heute offenbar nicht nur auf dem Arbeitsmarkt nicht mehr blicken zu lassen – er hat auch auf dem Heiratsmarkt ausgedient. Oder er poliert seinen Lebenslauf gewaltig auf und verbirgt erfolgreich, dass er ganz normal ist.

Kategorie „Partnerschaft", Ziel: Vorjahr + 5 Prozent. Stillstand ist hier keine Option. Nehmen wir an, Sie haben mit 32 keinen Partner. An Ihrem 33. Geburtstag muss das anders aussehen – an dieser Zielmarke misst Sie Ihr Umfeld.

> IST ES NICHT ERSCHRECKEND, WIE SICH STELLENMARKT UND HEIRATSMARKT INZWISCHEN ÄHNELN?

Nehmen wir an, Sie *haben* einen Partner, mit dem Sie, was in Ihrem Umfeld kein Geheimnis ist, aber nicht zufrieden sind. Ein Jahr später wird Ihr Umfeld Fortschritte sehen wollen, die zusätzlichen 5 Prozent! Diese neue Leistungsmarke können Sie auf unterschiedliche Weise erreichen: Entweder Sie haben es geschafft, Ihren Partner „weiterzuentwickeln", wenigstens einige seiner Schwächen und Nachteile auszubügeln. Oder Sie haben einen neuen Partner. Der muss mehr bringen im Vergleich zum alten; nur mit solchen Urteilen aus Ihrem Freundeskreis erfüllen Sie Ihre Zielvereinbarung: „Ich finde, Lukas macht sich in Gesellschaft wirklich besser als Claus. Er ist witziger, intelligenter." „Silke hat zwar nicht ganz so schöne Zähne wie Carina. Aber sie hat den besseren Job, ihr Leben halt im Griff. Unterm Strich hast du dich mit ihr verbessert."

Auch wenn Sie mit 32 bereits eine perfekte Partnerschaft haben, wird Ihr Umfeld ein Jahr später ein paar Prozent mehr sehen wollen: eine Hochzeitseinladung oder wenigstens eine Verlobung. Und zwar nicht *irgendeine*. An der Pinnwand in Ihrer Küche hängen bereits einige Hochzeitseinladungen und Verlobungskarten. Die setzen einen Maßstab, den Sie keinesfalls unterschreiten dürfen. Die Hochzeit soll nicht mehr nur „der schönste Tag des Lebens" sein, sondern der „schönste Tag aller Leben aller Leute, die wir kennen". Und der Maßstab steigt von Jahr zu Jahr, Sie beeilen sich also besser.

Nur eines geht nicht: Einfach nur 100 Prozent zu bringen. Oder gar weniger. Wie ein normaler Mensch eben.

Kann Ihr Kind schon „Defibrillator" sagen?

Kategorie „Kind", Ziel: Vorjahr + 5 Prozent. Sie können die Zielvereinbarung auch mit einem Kind erfüllen. Oder einem *weiteren* Kind. Wenn Sie mit Ihrer Beziehung und der Zahl der Kinder bereits im Sollbereich sind, dann müssen Ihre *Kinder* von Jahr zu Jahr die zusätzlichen Prozent erbringen. Der Markt für Chinesisch-Kurse und anderes Kleinstkindertraining ist in den vergangenen Jahren explodiert. Diesem Leistungsdruck sind unsere Kinder schon im Mutterleib ausgesetzt – einschließlich der werdenden Eltern. Man könnte auf den Gedanken kommen, dass das Lebewesen im Mutterleib bereits mustergültig die Anforderungen an das Immer-größer-immer-besser-Diktat erfüllt – einfach dadurch, dass es buchstäblich vor unseren Augen wächst, sich entwickelt, das faszinierende Wunder des Lebens verkörpert. Aber nein, damit kann sich ein Fötus heutzutage nicht mehr begnügen! Er soll schon im Mutterleib lernen, fürs Leben und für den Job „fit" werden, Talente und Fähigkeiten in sich aufsaugen. Wir beschallen ihn mit klassischer Musik, naturwissenschaftlichen Formeln und Sprachkursen – und warten auf ein Zeichen von drinnen, das uns bestätigt: Hier wächst ein Genie. Noch können wir im Mutterleib keinen Internetanschluss zur Verfügung stellen, aber das wird sich sicher bald ändern.

NOCH KÖNNEN WIR IM MUTTERLEIB KEINEN INTERNETANSCHLUSS ZUR VERFÜGUNG STELLEN.

Nach der Geburt geht der Leistungsdruck weiter. Der sechsjährige Maximilian muss zum Beispiel mit seinem Elitechor einen Preis gewonnen haben, als Solist, versteht sich. Die vierjährige Emma muss ein Wort wie „Defibrillator" sagen können, das man ihr aus dem Fremdwörterlexikon empfohlen hat, weil sie „sich so langweilte, nachdem sie sich selbst das Lesen beigebracht hatte". Kommt so etwas nicht, sind Sie mit Ihrem gesamten Familienleben im Bekanntenkreis unten durch. Kein Mensch wird mehr mit Ihnen reden, noch nicht einmal mehr über Sie.

Denn eines geht nicht: Einfach nur 100 Prozent zu bringen. Oder gar weniger. Wie ein normaler Mensch eben.

„Hier hat mal Brad Pitt gewohnt ..."

Kategorie „Wohnung", Ziel: Vorjahr + 5 Prozent. Wenn Sie mit 30 in einer 75-Quadratmeter-Wohnung wohnen, dann können Sie drei Jahre später unmöglich immer noch zu Ihrem Geburtstag in dieselbe Wohnung einladen. Da muss es schon eine neue sein, die Quadratmeterzahl diesmal dreistellig. Oder zentraler gelegen. Oder Eigentum statt Miete. Oder schillernder Vormieter: „Hier hat Brad Pitt gewohnt, als er kürzlich in Deutschland gedreht hat."

Selbst dazwischen duldet Ihr Bekanntenkreis keinen Stillstand. Von Besuch zu Besuch müssen Sie wenigstens mit einem kleinen Fortschritt aufwarten, mit den zusätzlichen Prozent: „Sind die kleinen Löffel zu dem Espresso-Set neu? Die sind ja voll süß." „Die Lampe hat Tim auf dem Flohmarkt entdeckt. Wir haben sie selbst restauriert." Selbst wenn Sie wirklich schon alles haben und es auf der ganzen Welt kein Accessoire mehr gibt, mit dem Sie aus Ihrer Wohnung noch ein paar zusätzliche Prozent rausholen könnten: Dann müssen Sie wenigstens das, was Sie haben, erneuern. Wenn Sie Ihren 45. Geburtstag in einer solch perfekten Wohnung gefeiert haben, dann müssen Sie an Ihrem 46. wenigstens so etwas sagen können wie: „Ja, den Gartenteich haben wir im Herbst komplett neu machen lassen, nach unseren eigenen Entwürfen, Karin und ich haben doch letztes Jahr diesen Gartenarchitekturworkshop in Verona gemacht."

Nur eines geht nicht: Einfach nur 100 Prozent zu bringen. Oder gar weniger. Wie ein normaler Mensch eben.

Zeig mir deine Freunde, und ich sage dir, ob du bist

Kategorie „Freunde", Ziel: Vorjahr + 5 Prozent. Früher hatte man einen ganz normalen Freundeskreis. Der bestand aus ganz normalen Menschen in ganz normaler Anzahl. Mit denen konnte man regelmäßig telefonieren, sich treffen. Heute zeigen Zählwerke auf Websites an, wie viele Freunde wir aktuell haben. Diese Zahlen sind mindestens dreistellig, oft vierstellig. Sonst gelten wir als einsam. Unser Netzwerk wird über jeden Fortschritt, also über jeden neuen Freund, sofort informiert. Nicht auszumalen, was geschähe, wenn hier Stillstand herrschte!

Natürlich kommt es nicht nur darauf an, wie viele Freunde wir haben. Sondern auch, *welche*. „Ich habe eine nette junge Frau kennen gelernt. Die hat auch zwei

HEUTE ZEIGEN ZÄHLWERKE AUF WEBSITES AN, WIE VIELE FREUNDE WIR AKTUELL HABEN.

Kinder und arbeitet bei einer Versicherung. Wir unternehmen jetzt öfter mal was miteinander" – solche Dinge will heute kein Mensch mehr hören. Wenn unser Umfeld uns auch weiterhin ernst nehmen soll, müssen wir schon mit solchen Sätzen aufwarten: „Letztes Wochenende hab ich beim Tae-Bo-Retreat in Berlin-Kreuzberg ne echt coole Persönlichkeit kennen gelernt. Die ist als Diplomatentochter in Kuala Lumpur geboren, hat am Great Barrier Reef eine ökologische Tauchschule gegründet und arbeitet jetzt in Moskau als Nachrichtenmoderatorin im Fernsehen. Wir haben uns sofort super verstanden und uns angefreundet."

UNSERE FREUNDE KONKURRIEREN MITEINANDER UM DIE PLÄTZE IN UNSEREM „NETZWERK" – UND UMGEKEHRT.

Unsere Freunde konkurrieren miteinander um die Plätze in unserem „Netzwerk" – und wir in ihrem.

Die Folge: Gute, aber möglicherweise langweilige Freundschaften laufen aus, fallen weg.

Denn eines geht nicht: Einfach nur 100 Prozent zu bringen. Oder gar weniger. Wie ein normaler Mensch eben.

Augenringe trägt man heute nicht mehr

Kategorie „Körper", Ziel: Vorjahr + 5 Prozent. Wir werden alle älter. Unser Körper nutzt sich ab, und das sieht man, bei jedem Menschen ohne eine einzige Ausnahme. Es gab einmal Zeiten, da war das normal.

Heute müssen wir an jedem Geburtstag besser, frischer, jünger aussehen als im Jahr zuvor.

Die Zähne etwas weißer (heutzutage ja über Nacht machbar), die Haut etwas natürlich gebräunter (heutzutage ja leicht einzukaufen), die Augenringe etwas heller (heutzutage ja schnell aufzuhellen), die Haut um die Hüften etwas

HEUTE MÜSSEN WIR AN JEDEM GEBURTSTAG BESSER, FRISCHER, JÜNGER AUSSEHEN ALS IM JAHR ZUVOR.

straffer (heutzutage ja nebenbei wegzutrimmen), die Haarfarbe etwas „natürlicher" (heutzutage ja risikolos zu renaturieren), die Augen etwas blauer (heutzutage ja flexibel austauschbar).

Armin, 45, Banker: „Ich trage seit 26 Jahren eine Brille. Sie stört mich nicht, auch nicht beim Joggen oder im Fitnessstudio. Trotzdem fragt mein Freundeskreis seit mehr als fünf Jahren regelmäßig: ‚Wann lässt du dir endlich die Augen lasern?' Die meisten anderen haben das inzwischen gemacht. Erst haben sie angefangen, mir Infomaterial zuzumailen. Als ich an meinem 45. Geburtstag immer noch Brille trug, haben sie Geld gesammelt und mir einen Gutschein für eine Behandlung im Laserzentrum geschenkt."

Nur eines geht nicht: Einfach nur 100 Prozent zu bringen. Oder gar weniger. Wie ein normaler Mensch eben.

Feierabend! Dann kann die Arbeit ja jetzt losgehen …

Kategorie „Job", Ziel: Vorjahr + 5 Prozent. Auch im Privatleben spielt der Job natürlich eine Rolle. Was die Arbeitswelt selbst von Ihnen erwartet, will auch Ihr privates Umfeld sehen: mehr Leistung, mehr Arbeit, mehr Karriere, mehr Stress.

Wenn Sie nicht fortlaufend die paar Prozent mehr vorweisen, wird bald niemand mehr über Ihren Job mit Ihnen reden wollen.

„Diese Woche habe ich drei Nächte am Stück durchgearbeitet, am Ende sahen wir bei uns in der Abteilung alle aus wie Zombies." – „Dass ich jetzt den Senator-Status habe, ist schon praktisch, da kann man die Business-Lounge am Flughafen für kurze Meetings nutzen." – „Mein Chef hat mir unseren wichtigsten Kunden exklusiv anvertraut." – „So einen Dienstwagen auszusuchen, da hast du echt die Qual der Wahl." – „Steffi macht neben Job und Kind jetzt noch einen M.B.A. am Abend."

Auch bei der Karriere muss sich regelmäßig etwas tun, sonst wird man im Freundeskreis zum Sorgenkind:

Ludger, 38, Bereichsleiter bei einem Verband: „Ich mache meinen Job echt gerne. Er fordert mich heraus, ohne mich zu sehr zu stressen. Ich habe auch noch Zeit für meine Familie. Deshalb arbeite ich schon seit fast acht Jahren im selben Job. Ich hatte genug Angebote, hätte woanders gut aufsteigen können. Das habe ich immer abgelehnt, weil ich gar nicht nach der Karriereleiter suche. Bei einem Abendessen hat mich einmal ein Freund meiner Frau zur Seite genommen und mich gefragt: ‚Du machst das ja jetzt schon ewig, du findest wohl nichts anderes mehr, oder?' Das hat mich schon sehr verwirrt. Drei Monate lang habe ich mir hektisch Stellenanzeigen angeschaut. Bis ich gemerkt habe, wie albern das ist: Sich nur einen anderen Job zu suchen, damit die anderen nicht denken, ich könnte keinen haben ..."

OFT REICHT ABER SCHON DIE NORMALE KARRIERE-LEITER NICHT MEHR AUS. ES MÜSSEN MULTI-KARRIEREN HER.

Oft reicht aber schon die normale Karriereleiter nicht mehr aus. Es müssen Multi-Karrieren her. „Andy hat ja jetzt neben seinen neuen Aufgaben in der Firma noch einen Weinhandel hochgezogen, den er nach Feierabend übers Internet betreibt. Nächstes Jahr will er dafür den Entrepreneur-After-Work-Award kriegen ..." Unser Umfeld beäugt dabei unsere Karriere auch in ihrem familiären Gesamtgefüge kritisch: Bei Dual-Career-Beziehungen muss die Gesamtkarriere stimmen – und beide Partner sind auch noch einem ständigen Wettstreit darüber ausgesetzt, wer gerade besser Karriere macht. Dazu kommt meist die Erwartung, den Erfolg der eigenen Eltern noch einmal zu übertreffen – was fast unmöglich ist, wenn die Eltern selbst schon aus einer Aufsteigergeneration stammen. Doch wer im Leben hinter seinen Eltern zurückbleibt, ist schnell ein Absteiger, ein Versager.

Und wenn wir uns dann endlich mal einen Urlaub gönnen, der eigentlich Erholung sein sollte: Dann wird auch das zum Statussymbol und Hochleistungssport. Undenkbar ist es heute, das Ziel tatsächlich nach dem Erholungswert auszuwählen. Es muss sich sehen und hören lassen können, von Jahr zu Jahr steigern. In die „Dom Rep" konnte man bis höchstens vor 15 Jahren guten Gewissens fliegen. Heute muss es schon ein Baumhaushotel in Abborrträsk sein. Und nächstes Jahr ein Yeti Mountain Homes Komfort-Trekking zum Ama-Dablam-Basislager. Wie es uns dort gefällt, ist völlig egal.

Denn eines geht nicht: Einfach nur 100 Prozent zu bringen. Oder gar weniger. Wie ein normaler Mensch eben.

Zu wenige Köche verderben den Brei

DREI

Der absurde Stresszwang

Stellen Sie sich vor: Samstagmorgen, 9 Uhr. Sie haben eine Aufgabe bei sich zu Hause zu erledigen, sagen wir: Sie wollen in Ihrer Wohnung ein Bild an der Wohnzimmerwand aufhängen, ein gerahmtes Urlaubsfoto, 90 x 60 Zentimeter.

Für welche Variante entscheiden Sie sich?

Variante 1: Sie sehen, dass sich die Mitte *über* dem Sofa leicht mit dem bloßen Auge anhand der Sitzkissen *auf* dem Sofa abschätzen lässt. Sie vermuten, dass Sie für die Aufhängung des Bildes einen mittelgroßen Nagel brauchen. Sie holen einen solchen Nagel nebst Hammer aus dem Schrank, schlagen den Nagel in die Wand und hängen das Bild auf. Sie schauen auf die Uhr: 9 Uhr und sieben Minuten! Sie denken: „Toll, das ging ja schnell. Da habe ich noch den restlichen Tag vor mir und kann viele schöne Dinge tun."

Variante 2: Sie holen alle im Haus auffindbaren Nägel und Hämmer ins Wohnzimmer, breiten sie auf dem Boden nebeneinander aus und vergleichen. Sie holen den großen Werkzeugkasten aus dem Keller, räumen ihn aus und bauen seinen Inhalt auf dem Sofa auf. Um 10.30 Uhr schleppen Sie mit einem Rollkoffer alle Maßbänder und Wasserwaagen ins Wohnzimmer, die Sie finden können. Bis 12 Uhr messen Sie die Wand über dem Sofa aus.

Um 12.09 Uhr klingelt Ihr Handy. Sie erfahren, dass Ihr Schwager im 500 Kilometer entfernten Pusemuckel gerade erst letzte Woche ein Bild aufgehängt hat. Und dass sein Nachbar wahrscheinlich noch in diesem Monat ein Bild aufhängen wird.

Spontan terminieren Sie für 12.30 Uhr eine Telefonkonferenz zu dritt. Ihnen bleiben gerade einmal 15 Minuten, um sich auf die Konferenz vorzubereiten. Sie machen sich ein paar Notizen – über Ihre Ausstattung, bisher aufgetretene Probleme, Ihre Lösungsansätze. Ihr Schwager führt in den Sachverhalt ein. Beim Bilderaufhängen sei es wichtig, auf Best Practices zu achten. So viel könne schieflaufen! Sie schildern Ihren Fall. Um 13.30 Uhr kommen Sie überein, dass das Problem am Telefon nicht lösbar ist. Sie vereinbaren für 15 Uhr eine „körperliche" Sitzung in Pusemuckel.

Sie buchen einen Flug, beordern Ihre zwei Kinder ins Wohnzimmer und bitten sie, die Lage im Auge zu behalten. Keinesfalls darf sich das Sofa verschieben! Die Wasserwaage muss regelmäßig darauf geprüft werden, ob sie ausläuft! Dann ziehen Sie sich einen dunkelblauen Anzug an und hetzen mit ein paar Unterlagen unterm Arm zum Flughafen. Am Gate kommen Sie mit einem anderen Mann im dunkelblauen Anzug ins Gespräch. Sie erfahren: Er ist heute Morgen aus Pusemuckel angereist, nahm in Ihrer Stadt an einer Tagung über das Aufhängen von Bildern in Wohnzimmern teil. Jetzt fliegt er zurück nach Pusemuckel.

In Pusemuckel angekommen, eilen Sie zum Konferenzsaal, den Ihr Schwager kurzfristig buchen konnte. Der Nachbar Ihres Schwagers hat eine Powerpoint-Präsentation vorbereitet: „Anbringen eines 90 x 60 cm-Bilderrahmens in Wohnzimmern. Best Practice und Strategie. ENTWURF – STRENG VERTRAULICH." Er geht auch auf Erfahrungen in anderen Ländern ein. Während der Präsentation nicken Sie oft, erkundigen sich aber alle zehn Minuten per Blackberry bei Ihren Kindern zu Hause nach der Lage. Einmal verlassen Sie wie von der Tarantel gestochen den Raum, Ihr Handy halb am Ohr, während Sie in die Muschel zischen: „Bin gerade in einer Sitzung." Es ist Ihre bessere Hälfte. Sie war beim Tennis und fragt, ob sie auf dem Nachhauseweg etwas zu essen mitbringen soll. Sie erläutern ihr mit wichtigem Gesichtsausdruck – den in diesem Moment gar niemand sehen kann – das Für und Wider, wobei Sie unruhig auf dem Gang auf und ab laufen. Sie kommen in den Konferenzsaal zurück, stellen ein paar Fragen, bitten darum, den vorletzten Bulletpoint auf der dritten Folie noch etwas genauer zu diskutieren. Um 16 Uhr ist noch kein Ergebnis erreicht. Sie springen trotzdem auf, verlassen mit einem gehetzten „Sorry, mein Flieger geht" die Sitzung.

Am Gate in Pusemuckel telefonieren Sie lautstark mit Ihren Kindern – bis Sie im Flugzeug sitzen und die Stewardess Ihnen das Handy aus der Hand nimmt. Auf Ihrem Notebook tippen Sie einen Bericht über das Treffen und schicken ihn an Ihre bessere Hälfte, cc an Ihr gesamtes sonstiges Adressbuch. Kaum gelandet, reißen Sie Ihr Blackberry aus dem Gepäckfach, schalten es ein, atmen erleichtert auf: Der Nachbar Ihres Schwagers hat seine Präsentation schon verschickt, „FYI und mit bestem Dank für die konstruktive Sitzung". Per E-Mail vereinbaren sie, sich künftig regelmäßig zum Thema auszutauschen. Das nächste Treffen soll in zwei Wochen stattfinden. Da haben Sie eigentlich Urlaub in Italien gebucht, aber den verschieben Sie, es geht ja nun mal nicht anders.

Erschöpft kommen Sie zu Hause an. Es ist 17.55 Uhr. Sie nehmen einen Nagel, schlagen ihn in die Wand und hängen das Bild auf. Sie schauen auf die Uhr: 18 Uhr! Wieder mal einen Arbeitstag mit schwierigen Aufgaben erfolgreich abgeschlossen!

Sie bleiben trotzdem noch bis 22 Uhr im Wohnzimmer – um aufzuräumen und das Bild auch wirklich gerade zu rücken.

Warum Sie Ihre Arbeit keinesfalls im Griff haben sollten

Höchstwahrscheinlich würden Sie nicht im Traum auf die Idee kommen, Ihren Samstag mit Variante 2 zu verbringen. Warum kam Ihnen Variante 2 trotzdem nicht so ganz fremd vor, wie man hoffen sollte?

Nun, Variante 2 ist heute das Mittel der Wahl im Berufsleben.

Wir haben im letzten Abschnitt gesehen: Wer von unserer Gesellschaft ernst genommen werden will, muss ständig 105 Prozent leisten.

Doch selbst damit ist es nicht getan.

In den letzten Jahren kam ein interessanter Gedanke auf: Das Konzept des sogenannten Results-Only-Work-Environment will nur auf die Arbeitsergebnisse abstellen, nicht auf die dafür verwendete Zeit und nicht auf den dafür erzeugten Wirbel. Doch solche Ansätze konnten sich bisher noch nicht durchsetzen.

ZU REVOLUTIONÄR SCHEINT DER GEDANKE, DASS EIN GUTES ERGEBNIS AUCH GUT SEIN KÖNNTE, WENN ES MIT WENIG AUFWAND ERREICHT WURDE.

Zu revolutionär scheint der Gedanke, dass ein gutes Ergebnis auch gut sein könnte, wenn es mit wenig Aufwand erreicht wurde.

Fragen Sie mal jemanden, der Teilzeit arbeitet und ernst genommen – geschweige denn: Karriere machen – möchte. Daher bleibt es vorerst noch dabei: Leistung und Arbeitszeit zählen nur etwas, wenn sie auch mit entsprechendem Einsatz verbunden sind!

Elke, 29, stellvertretende Abteilungsleiterin bei einem Radiosender: „Ich organisiere meine Arbeit immer effizient. Bisher fanden das alle toll. Bis mich mein Chef einmal unvermittelt zu einem Personalgespräch rief. Er schickte dreimal vorweg, dass er an meinen Arbeitsergebnissen nichts auszusetzen habe. Er lobte auch meinen Zeiteinsatz, ich arbeite sicher mehr als 50 Stunden die Woche, obwohl in meinem Vertrag ,40 Stunden' steht. Dann sagte er: ,Aber Sie müssen in diese Ergebnisse mehr investieren. Ich will mehr Einsatz sehen. Sonst bringen Sie es hier zu nichts.' Zum Abschluss bekräftigte er noch einmal, dass es an meinen Arbeitsergebnissen wirklich nichts auszusetzen gebe ...“

> **NUR WER LEISTUNG BRINGT *UND* GESTRESST IST, DER IST ETWAS WERT.**

Wer früher effizient arbeitete, gilt heute als faul. Nur wer Leistung bringt *und* gestresst ist, der ist etwas wert.

Die „Pipeline" ist eines unserer Lieblingswörter im Arbeitsleben geworden: Wer in ihr nicht ständig noch was hat, der kann kein wichtiger Mensch sein, kein erfolgreicher, ach was – womöglich überhaupt kein Mensch. Weil es so viele Pipelines gibt, in denen noch so viele Dinge stecken, arbeiten wir im Multitasking.

Früher haben wir im Büro einfach einmal ein Telefonat geführt und uns auf dieses Telefonat konzentriert. Heute würden wir uns damit lächerlich machen. Während des Telefonats tippen wir daher E-Mails, Berichte, unterhalten uns in Zeichensprache mit einer Kollegin, sortieren Unterlagen und räumen unsere Schreibtischschublade auf. Selbstverständlich haben wir am Telefon die Freisprechanlage eingeschaltet und schreien in das kleine Mikrofon – damit jeder auf der Etage hört, welch wichtiges Telefonat wir führen. Oder wir laufen mit dem Headset überm Kopf in die Kaffeeküche, um uns vielbeschäftigt telefonierend vor dem Büropublikum eine Heißgetränkspezialität aufzubrühen. Das Telefonat haben wir schon lange vorher in unseren Outlook-Kalender eingetragen, auf den alle Kollegen Zugriff haben, zur gegenseitigen Stresskontrolle.

Das gemeinsame Mittagessen wird zum „Netzwerken", und auch der Weg zur Arbeit ist unbedingt aktiv zu gestalten. Einige nutzen ihn, um für Olympia zu trainieren: Sie joggen mit der Stoppuhr ins Büro, wo sie sich erst einmal duschen und umziehen. Gerade erst ins Büro kommen und sich schon den Schweiß der Anstrengung abduschen – das macht natürlich Eindruck. Da ist jemand dynamisch und wird es weit bringen! Notfalls kann man auf dem Weg zur Arbeit immer noch – arbeiten: Akten durchlesen, laut Anweisungen in sein Handy schreien, Hörbücher zu Zeitmanagement und Arbeitseffizienz hören.

Und „das Unternehmen" selbst lebt uns die Betriebsamkeit vor. Wenn es gerade einmal nichts zu tun gibt, dann restrukturiert sich das Unternehmen wenigstens. Denn Restrukturierungen zeigen: Hier tut sich was. Und sie sind eine hervorragende Gelegenheit, neue Doppelungen bei den Zuständigkeiten zu schaffen. So kann dieselbe Angelegenheit noch mehr Abteilungen gleichzeitig beschäftigt halten…

Wenn Sie Personalleiter wären: Wen würden Sie eher befördern? Den Mitarbeiter, der Ruhe ausstrahlt, der seine Arbeit souverän und ohne viel Theater erledigt, dessen Schreibtisch aufgeräumt ist, der alle seine Urlaubstage nimmt, der möglicherweise auch mal eine Stunde früher fertig ist und nach Hause geht, der noch nie in seinem Leben einen Sonntag im Büro verbracht hat? Oder den Mitarbeiter, der ständig gehetzt ist, der morgens schon um sieben im Büro ist, nur sonntags erst um zehn, der viel Wirbel um viele Sachen gleichzeitig macht, der bis Mitternacht am Schreibtisch brütet, an dem Schreibtisch, auf dem sich die Aktenberge stapeln, der allen erzählt, wie überlastet er ist, Urlaubstage verfallen lässt, um seine Arbeit im Büro zu erledigen (oder der, wenn er überhaupt mal im Urlaub ist, von dort ständig Mails schreibt und sich telefonisch nach dem Stand der Dinge erkundigt), der tiefe schwarze Ränder unter den Augen hat und bei dem nicht selten auch mal etwas Wichtiges im hektischen Alltagsgeschäft „untergeht"?

Wäre es nicht logisch, den ersten Typ Mitarbeiter zu befördern? Strahlt nicht dieser Typ glaubhaft aus: Ich habe Kapazitäten frei für größere Aufgaben, für mehr Verantwortung? Sagt nicht der zweite Typ mit jeder Pore seines Körpers: Ich bin schon mit meiner jetzigen Aufgabe hoffnungslos überfordert – woher um Himmels willen sollte ich die Kapazitäten für noch mehr Verantwortung nehmen?

Sicherlich wäre das logisch, so zu denken.

Aber wissen Sie was? Der erste Typ wird nicht befördert, zumindest nicht in diesem Leben. Denn er zeigt nicht „das nötige Engagement".

Wer heute sagt, er komme mit seiner Arbeit gut zurecht, erntet mitleidige Blicke.

Als erfolgreich und fähig gilt, wer gestresst und überlastet wirkt – sonst hätte er ja schließlich nicht so viel zu tun, dass er gestresst und überlastet wirkt.

WER HEUTE SAGT, ER KOMME MIT SEINER ARBEIT GUT ZURECHT, ERNTET MITLEIDIGE BLICKE.

Übermüdung gehört zu den häufigsten Unfallursachen; Menschen mit dunklen Augenringen bewegen sich als tickende Zeitbomben durch den Straßenverkehr – täglich opfern wir Menschenleben, weil es gesellschaftlich nicht akzeptiert ist, ausgeschlafen zu sein und seine Arbeit annähernd im Griff zu haben.

Nun gibt es bei der Arbeit zwei Gruppen von Menschen: Die einen sind tatsächlich überfordert. Und sie machen Karriere. Laurence J. Peter und Raymond Hull haben in ihrem weltberühmten Werk *Das Peter-Prinzip* anschaulich dargelegt: In einer Hierarchie neigt jeder Beschäftigte dazu, bis zu seiner Stufe der Unfähigkeit aufzusteigen. Die Autoren zeigen, dass Menschen nach immer höheren Weihen streben, bis sie überfordert sind – und dass die Hierarchien in Wirtschaft und Verwaltung darauf angelegt sind, jedem den Weg zu einer Position zu weisen, der er nicht mehr gewachsen ist.

Die Arbeit, so Peter und Hull, erledigen diejenigen, die diese Position noch nicht erreicht haben. Diese Menschen gehören zur zweiten Gruppe: Sie sind *nicht* überfordert. Genau genommen ist das sogar die große Mehrheit – sonst würde das Wirtschaftsleben stillstehen. Schauen Sie nur mal, wie viele Menschen zwischen 10 und 17 Uhr in Internetforen und Chats verzweifelt mitteilen: Wir langweilen uns zu Tode! Diese Leute kommen mit ihrer Arbeit gut zurecht.

Das ist gleichzeitig ihr Fluch.

Eine Hand stresst die andere

Um nicht als Deppen der Nation dazustehen, bleibt ihnen nur ein Ausweg: überfordert zu *wirken*! Mit raffinierten Als-ob-Strategien lassen sie sich jeden Tag neue Wege einfallen, gestresst und geschäftig zu erscheinen: Sie verpassen kein Meeting, stapeln Aktenberge auf dem Schreibtisch und balancieren sie hektisch über den Flur, sie basteln mit größter Hingabe an Präsentationen, als gäbe es kein Morgen mehr. Sie haben immer mehrere Fenster an ihrem Computerbildschirm offen und hacken wie besessen E-Mails in die Tastatur, berichten von allem und jedem an alle und jeden. Nur wer nicht bei Trost ist, verschickt solche Mails tagsüber! Profis verschicken sie dann, wenn andere noch nicht oder nicht mehr im Büro sind: morgens um sechs oder abends um elf, mit einem cc-Verteiler, der sich gewaschen hat. Wenn in China ein Sack Reis umfällt oder umfallen könnte oder es _denkbar_ ist, dass er demnächst umfallen könnte, dann organisieren sie eine zweistündige Telefonkonferenz – auf Englisch, „mit den Kollegen aus UK".

> **WENN IN CHINA EIN SACK REIS UMFÄLLT, DANN ORGANISIEREN SIE EINE ZWEISTÜNDIGE TELEFONKONFERENZ.**

Dazu kommen regelmäßig „Meetings" mit großzügiger Einladungsliste, denn so halten sie sich gegenseitig beschäftigt.

Machen Sie sich einmal den Spaß und gehen Sie in einem „Meeting" im Geiste von Person zu Person und fragen Sie sich: „Was wäre konkret anders, wenn diese Person nicht dabei wäre?"

In den meisten Fällen wird die Antwort „nichts" sein. Und damit sind wir noch gar nicht bei der Frage angekommen: „Was wäre anders, wenn dieses _Meeting_ gar nicht stattfände?"

> **FRAGEN SIE SICH: „WAS WÄRE KONKRET ANDERS, WENN DIESE PERSON NICHT DABEI WÄRE?"**

Mindestens drei Tage in der Woche sind die Beschäftigten ohnehin auf Dienstreise. Davon sind mindestens drei Tage verzichtbar.

Glauben Sie nicht? Erinnern wir uns: Im Frühling 2010 legte eine große Aschewolke den Flugverkehr in halb Europa lahm. Ein Vulkan in Island mit dem extravaganten Namen Eyjafjallajökull hatte gehustet, und Millionen Büroarbeiter mussten aus heiterem Himmel ohne ihre geplanten Dienstreisen auskommen. Hilflos trabten sie in ihren Büros auf und ab – die Welt aber drehte sich weiter, als wäre nichts gewesen. Am Ende war die „Arbeit" trotzdem erledigt; trotz der großen Panik ist kein Fall bekannt geworden, in dem auch nur ein einziges Projekt an einer ausgefallenen Dienstreise gescheitert wäre.

Und wenn Sie glauben, das sei nur in amerikanisch geführten Großkonzernen so, dann täuschen Sie sich. Selbst im deutschen öffentlichen Dienst ist der Stresszwang voll angekommen.

Wolfgang, 53, Staatsanwalt: „Eigentlich habe ich es gut. Viele meiner jungen Kollegen sind wirklich überlastet. Sie werden mit Arbeit nur so zugeballert. Abends und am Wochenende nehmen sie sich Akten mit nach Hause, sonst schaffen sie die Arbeit nicht. Das ist gnadenlos. Ich bin schon etwas älter, habe meine Nische in einem Spezialdezernat gefunden. Bei uns gibt es nicht so viele Fälle – im Prinzip kann ich meine tägliche Arbeit in anderthalb Stunden erledigen. Ich komme um acht, könnte also um halb zehn nach Hause gehen oder Zeitung lesen. Ich müsste das auch nicht verbergen, um Karriere zu machen – denn ich will gar nicht weiter aufsteigen. Trotzdem türme ich Akten auf meinem Schreibtisch auf, und zwar nicht die kleinen, sondern die dicken Ordner. Mindestens zehn davon habe ich ständig hier liegen. Die könnte ich ruck, zuck wegarbeiten, aber ich lasse sie immer erst mal ein paar Wochen hier liegen und teile mir die Arbeit gut ein.
Warum? Weil mich sonst niemand hier für voll nehmen würde."

Stress zu mimen erzeugt mehr Stress, als Stress zu haben.

Die eine Hand muss den Stress erzeugen, den die andere dann dankbar wegarbeiten kann. Die Autoren Philippe Rothlin und Peter R. Werder haben hierfür den Begriff „Boreout" salonfähig gemacht. Boreout ist das Gegenteil des Burnout: Betroffene sind bei der Arbeit unterfordert, gelangweilt, desinteressiert. Das dürfen sie aber niemandem sagen, denn damit fielen sie in unserer heutigen Gesellschaft glatt durch. Unausgelastet zu sein ist nicht schick! Rothlin und Werder haben herausgefunden: „Das Absitzen von Stunden, in denen man nichts zu tun hat und einfach auf den Feierabend wartet, ist der blanke Horror." Zusammen mit dem ständigen Druck, Geschäftig-

STRESS ZU MIMEN ERZEUGT MEHR STRESS, ALS STRESS ZU HABEN.

keit vorzutäuschen, belastet ein solches Leben viel stärker als das eines Menschen, der wirklich mit seiner Arbeit überfordert ist.

Deshalb hat sich auch die vermeintlich neu gewonnene Freiheit bei den Arbeitszeiten längst in ihr Gegenteil verkehrt.

Morgenstund hat Stress im Mund, Abendstund tut „wichtig" kund!

Früher gab es in den meisten Betrieben Stechuhren. Man stempelte sich morgens ein und abends aus, ebenso für jede Pause. Akribisch erfasste der Arbeitgeber so die Arbeitszeit. Viele empfanden das als ungeheuren Zwang. In der Tat kann man fragen: Welch großem Zufall haben wir es zu verdanken, dass jeder Beschäftigte immer exakt acht Stunden täglich benötigt, um seine Arbeit zu erledigen – in so vielen unterschiedlichen Ländern und in so vielen unterschiedlichen Tätigkeiten?

Welche Freiheit verhieß es da, dass die Arbeitgeber nach und nach ihre Stechuhren aufgaben, Gleitzeitregelungen einführten und so genannte Vertrauensarbeitszeit? Und doch passierte mit dieser neu gewonnenen Freiheit genau das, was einst mit der Freiheit geschehen war, sich durch Leistungssteigerung profilieren zu können: Es entstand ein gesellschaftlicher Zwang, so viel wie möglich zu arbeiten. Die lange Arbeitszeit ist zum Statussymbol geworden. Nur wer nicht nur ständig seine inhaltliche Leistung steigert, sondern auch seinem zeitlichen Einsatz, gilt etwas. Heute gibt es regelrechte Wettstreitigkeiten darum, wer zuletzt das Büro verlässt und dem Chef „Gute Nacht" sagt. In vielen Büros sind auf den Rechnern „Messenger" installiert, Programme, mit denen sich die Mitarbeiter Nachrichten hin und her schicken können. Sie sind eine wunderbare Weiterentwicklung der Stechuhr, effektiver, als sie es je war: „Thomas Meier hat sich gerade angemeldet", liest etwa um 9.07 Uhr die gesamte Belegschaft. Und damit viel zu spät; das weiß Thomas Meier. Abends ist der Messenger ein verlässliches Planungsinstrument für jeden, der das Büro auch wirklich als Letzter verlassen will.

Sicher passiert es Ihnen hin und wieder, dass Sie in einen Stau geraten oder dass eine U-Bahn streikt. Und dass Sie merken: Ich werde zehn bis zehneinhalb Minuten zu spät ins Büro kommen! Ist es nicht absurd, wie hektisch wir uns schon auf dem Weg die Entschuldigungen parat legen, die wir dann auf dem Büroflur verschämt vor uns hin murmeln können – falls uns jemand sieht, wie wir uns wie Schwerverbrecher durch den Hintereingang hineinschleichen?

Jeder weiß, dass kein Mensch sein Tagespensum nicht schafft, weil er zehn Minuten zu spät ins Büro kommt.

Jeder weiß, dass kein Mensch zehn oder zwölf Stunden am Tag durchgängig gleichbleibend konzentriert und produktiv arbeiten kann.

Trotzdem gilt der Gedanke als abwegig, man könne auch in wenig Zeit viel und Gutes leisten.

Wer abends lange genug das Licht im Büro brennen hat, ist ein guter, engagierter Mitarbeiter. Basta. Wer um 18 Uhr oder gar früher mit seiner normalen Arbeit, seinem Tagespensum fertig ist und nach Hause geht, der gilt nicht wie früher als effizient und gut organisiert – sondern als faul.

Simon, 36, Pressereferent bei einem Pharmaunternehmen: „Mein Chef hat kleine Kinder, die ihn jeden Morgen um sechs aus dem Bett werfen. Er ist dann spätestens um viertel nach acht im Büro. Zu tun gibt es um diese Uhrzeit nichts für uns. Die ersten Presseanfragen kommen nicht vor zehn, elf, nach den Redaktionskonferenzen. Wenn ich um neun komme, zieht mein Chef die Augenbraue hoch. Wenn ich drei Minuten *nach* neun komme, dann wird mein ‚Guten Morgen‘ aus dem Chefbüro bereits nicht mehr erwidert. Ich bin wertlos, Luft, hätte gar nicht zu kommen brauchen – das signalisiert mir mein Chef damit. Wenn ich um sechs gehe, schimpft mein Chef über die ‚Kollegen, die um sechs den Stift fallen lassen‘. Wenn ich um zehn nach sechs noch da bin, weil ausnahmsweise wirklich noch etwas um die Uhrzeit zu erledigen ist, dann ruft er hämisch ins Büro: ‚Na, heute Überstunden?‘ Wie ich es mache, ist es falsch, und das hat alles mit der Uhr zu tun. Über meine *Arbeit* gab es übrigens noch nie Klagen ...“

Wussten Sie, dass es ein Arbeitszeitgesetz gibt? Jeder Betrieb muss ein Exemplar davon für seine Mitarbeiter bereithalten. Es soll den „Gesundheitsschutz der Arbeitnehmer bei der Arbeitszeitgestaltung gewährleisten". Es umfasst immerhin 25 Paragrafen. Die wichtigste Regelung besagt im Grundsatz, dass „normale" Angestellte nicht mehr als durchschnittlich acht Stunden am Tag arbeiten *dürfen*. Nur in „außergewöhnlichen Fällen" darf der Arbeitgeber eine längere Arbeitszeit verlangen, zum Beispiel „wenn Rohstoffe oder Lebensmittel zu verderben oder Arbeitsergebnisse zu misslingen drohen". Selbst in diesem Ausnahmefall darf die durchschnittliche Arbeitszeit 48 Stunden in der Woche nicht überschreiten. Arbeitgebern, die gegen diese Regelungen verstoßen, droht ein Bußgeld von bis zu 15.000 Euro. Ein Chef, der einen Verstoß gegen diese Regelungen „beharrlich wiederholt", riskiert sogar Gefängnisstrafe.

So weit die Normalität des Gesetzes: Mehr als acht Stunden am Tag sind nicht nur außergewöhnlich, sondern unter bestimmten Voraussetzungen sogar im wahrsten Sinne des Wortes kriminell.

Doch wie ist die Realität?

Ein „Nine-to-Five-Job" gilt heute als der Inbegriff des Spießigen, Faulen, Unambitionierten.

Als der Inbegriff des alten Stechkartendenkens. Einen „Nine-to-Five-Job" üben heute nur bedauernswerte Kreaturen aus, solche, die früher wegen ihres Reihenhauses in der Vorstadt bemitleidet wurden. Wer heute allen Ernstes einen Achtstundentag leben will, gilt als Leistungsverweigerer und Verlierer.

Laut sozialökonomischem Panel, einer Studie des Deutschen Instituts für Wirtschaftsforschung, arbeiten 64 Prozent der Beschäftigten regelmäßig mehr als acht Stunden pro Tag. Alle Deutschen zusammen arbeiten jedes Jahr über 50 Milliarden Stunden. Davon sind circa drei Millionen Überstunden, so eine Berechnung des Instituts für Arbeitsmarkt- und Berufsforschung. Das wiederum sind pro Kopf über 100 Stunden mehr, als im Vertrag vorgesehen. Und zu

EIN „NINE-TO-FIVE-JOB" GILT HEUTE ALS DER INBEGRIFF DES SPIESSIGEN, FAULEN, UNAMBITIONIERTEN.

allem Überfluss: Nur die Hälfte dieser angefallenen Überstunden wird auch vergütet. Es ist schick und zeugt von Leistungsbereitschaft, 100 oder 200 Überstunden auf dem Überstundenkonto publikumswirksam vor sich herzujonglieren. Und zu betonen, sie nie abbauen zu können oder zu wollen. Falls es überhaupt ein Überstundenkonto gibt …

Wo die Stechuhr noch existiert, greift man zu absurden Mitteln, um die Freiheit auszutricksen, die ihr Wegfall bringen sollte: Wenn die acht Stunden vorbei sind, stempeln sich die Mitarbeiter aus – und gehen dann in ihre Büros zurück, um noch ein paar Stunden weiterzuarbeiten. Wer da nicht mithält, ist ein Arbeitsverweigerer.

Endstation Sandkasten

Der Zwang zu Stress und ständiger Betriebsamkeit hat sich vielfach zu einer echten Sucht entwickelt. In Internetforen spielen sich regelrechte Dramen ab: Frauen klagen über ihre Männer, Männer klagen über ihre Frauen, die jeden Samstag in der Firma hocken und sogar am Küchentisch noch ihre Projekte beackern. Gemeinsame Freizeitaktivitäten? Fehlanzeige! Sie langweilen sich ohne Arbeit und können sich nicht mal mehr auf die „Tagesschau" konzentrieren. Ein Abendessen mit Kunden lassen sie gerade noch so als „Semifreizeit" durchgehen. Und wenn man ihnen die Akten wegnimmt, dann werden sie unleidlich.

Tatjana, 35, in einem Internetforum: „Mein Mann war endlich mit mir in den Ski-Urlaub gefahren. Dreimal hatten wir das schon verschoben, zweimal davon am Tag der geplanten Abreise. Die Koffer waren jedes Mal gepackt. Nun waren wir endlich dort, der Schnee war toll, das Wetter traumhaft. In der Schlange am Lift schrieb mein Mann E-Mails auf seinem Blackberry. Als wir an der Reihe waren, stieg er widerwillig ein und hielt sich mit ungeduldigem Blick am Lift fest. Kaum oben angekommen, zog er wieder sein Blackberry aus der Tasche und verschlang die Antwort. So ging das eine Woche lang."

Arbeitssucht ist eine Krankheit wie Alkoholismus oder Tabletten-sucht. Workaholics haben niemals frei. Sie hassen Wochenenden. Sie schauen Halbtagskräfte an, als kämen sie vom Mond. Nichtstun ist für sie ein Albtraum. Und ihre eigenen Kinder kennen sie kaum. Sie leben unter einer Käseglocke, in der nur sie und ihre Arbeit existieren. „Urlaub? Was für Schwächlinge!" Und ein Familienspaziergang wird genutzt, um eben in die Firma reinzuschneien. Alles, was nicht Arbeit heißt, stört! Besonders betroffen sind Menschen, die Arbeit finanziell am wenigsten nötig haben, die es eigentlich schon lange „geschafft" haben – sich aber vom Stresszwang nicht mehr lösen können.

Nach dem Vorbild der Anonymen Alkoholiker haben sich längst auch die Anonymen Arbeitssüchtigen gebildet. Die Selbsthilfegruppe stellt auf ihrer Internetseite fest: „Immer größer wird der Druck von außen und oft auch von innen, immer mehr, immer schneller und immer perfekter zu arbeiten", und: „Unsere Hauptaufgabe besteht darin, nicht mehr *zwanghaft* zu arbeiten."

In Therapien lernen die Betroffenen, ihre Abhängigkeit zu bewäl-tigen. Wie Kindergartenkinder sitzen sie in einem Kreis auf dem Bo-den, spielen mit Bauklötzen oder im Sandkasten. In besonders schweren Fällen müssen die Patienten sogar ihre eigene Arbeitsklei-dung samt Zeugnissen beerdigen. Doch selbst in den Kliniken fallen die Arbeitssüchtigen auf: Sie können nicht abschalten, organisieren Tischtenniswettbewerbe unter den Patienten und sprengen Gruppen-sitzungen mit ihrem Redefluss. Der Stresszwang verlagert sich dabei immer weiter nach vorne: Inzwischen gibt es bereits an Universitäten psychotherapeutische Betreuungseinrichtungen für Studenten mit Burnout-Syndrom. Und selbst Schüler klagen schon über solche Symptome.

Doch die Workaholics sind in Wirtschaft und Gesellschaft nicht nur angesehen – sie sind Vorbilder, die dem gesellschaftlichen Stan-dard entsprechen. Sie halten das Hamsterrad am Laufen. Die „Ex-trem-Jobber" genießen Bewunderung in der Öffentlichkeit; sie sind zum Leitbild geworden. Als medizinische Diagnose ist die Arbeits-sucht (noch) nicht anerkannt. Die Süchtigen werden meist wegen Krankheiten wie Bluthochdruck, Tinnitus oder Herzinfarkt behan-delt. Arbeitssüchtige schaden nicht nur sich selbst und ihrer Familie, sondern auch dem Kollegium und der ganzen Firma. Arbeitssüchtige Chefs können ganze Firmen in den Ruin treiben.

Doch bevor es zu dramatisch wird: Gehen wir zurück nach Hause, in Ihre Wohnung.

Der Stresszwang aus der Arbeitswelt ist längst in unser Privatleben eingezogen. Nichts zu tun zu haben, etwas ganz in Ruhe zu machen, nicht überall gefragt zu sein, nicht alle Möglichkeiten wahrzunehmen, nicht gestresst und überfordert zu sein – längst wäre so etwas auch nach Feierabend nicht mehr denkbar. Es ist kein Zufall, dass im Jahr 2010 eine Zeitschrift auf den Markt kam mit dem Titel *Business Punk* und dem Motto „Work hard. Play hard". Die Selbstbeschreibung in Kürze: „Hier geht es um das laute, schnelle Leben, das hinter dem Business tobt." Bewundernd porträtiert das Magazin Menschen, die das „laute, schnelle Leben" so sehr stresst, dass ihnen „beim Gespräch immer wieder die Augen zufallen".

Aktfotos beim Bierbrauen im Iglu – und wie war *Ihr* Wochenende?

Die Botschaft ist angekommen: Nur wer nach Feierabend mindestens so viel Stress hat wie auf der Arbeit, der lebt wirklich. Das „wahre Leben" ist viel zu kostbar, um auch nur eine Sekunde davon nicht „aktiv zu gestalten": Fitness, Spanischkurs, mit Freunden Sushi selber machen, Erlebnisreisen – drunter geht es nicht, wenn wir nichts verpassen wollen. Längst „managen" wir auch im Privatleben alles: die Kinder, den Einkauf, das Grillen mit den Nachbarn. Die Liebe ist zur „Beziehungsarbeit" geworden. Wenn irgendwo ein Moment Ruhe in unser Leben einkehrt, dann geschieht das meist unfreiwillig, zum Beispiel weil wir an der Supermarktkasse anstehen. Dann rasten wir innerlich aus – und immer öfter auch äußerlich. Achten Sie nur einmal auf die Ausbrüche an Supermarktkassen, sobald mehr als vier

Menschen anstehen. Und der „Türe schließen"-Knopf ist in jedem Aufzug der abgegriffenste – kopfschüttelnd hauen wir bereits auf ihn ein, während geschätzte Mitmenschen aus anderen Etagen noch zusteigen.

Die Bürotür ist nur noch eine Drehtür zwischen Arbeitsstress und Freizeitstress.

Alina, 42, Chefin vom Dienst bei einer Frauenzeitschrift: „Kürzlich sollte auf einer Fortbildung jeder einen typischen Sonntagnachmittag beschreiben. Ich sagte: ‚Ich liege einfach nur auf dem Sofa und mache gar nichts, stundenlang. Manchmal mit einer Decke, manchmal ohne.' Betretenes Schweigen. ‚Aber Sie haben doch sicher eine große Familie, oder?' ‚Nein', sagte ich. ‚Aber einen großen Freundeskreis?' ‚Nein, mein Freundeskreis ist eher klein.' ‚Anstrengende Hobbys?' ‚Nicht dass ich wüsste. Manchmal schaue ich etwas fern, wenn ich auf dem Sofa liege.' ‚Na ja, Meditation am Sonntag ist ja nicht das schlechteste, um seine Zeit zu nutzen', versuchte mir der Kursleiter zu helfen. ‚Ich meditiere auch nicht', sagte ich leise. ‚Ich liege einfach nur da.' Ratlos wandten die anderen ihren Blick von mir ab. Ich ging aufs Klo, starrte die Wand an und heulte erst mal fünf Minuten."

Früher haben wir manchmal privat telefoniert. Manchmal stundenlang. In der Regel auf dem Festnetz, von zu Hause aus. Heute ist es eine Schande, telefonisch zu Hause erreichbar zu sein. Wem das dummerweise doch passiert, dem bleibt nur noch ein Ausweg: So gehetzt wie möglich zu klingen und „Du, ich bin gerade auf dem Sprung" zu zischen. Zum Yoga. Zum Sushi. Zum Bio-Markt. Zum Date. Zum Clubbing. Zum Moderne-Malerei-Kurs. Oder wir machen es wie im Büro: Telefonieren ist Multitasking-Tätigkeit. Nebenher klappern wir mit Geschirr, rascheln mit Papier, sehen im Fernsehen Nachrichten oder unterhalten uns flüsternd mit unserem Besuch aus Alaska.

Zu Hause liegt die Querflöte auf dem Tisch, für alle gut sichtbar – die haben wir früher mal gespielt, jetzt reicht es gerade noch für ein paar Töne zwischendurch, während das selbst gebackene Sauerteigbrot im Ofen ist. Wer gar spontan Zeit hat, etwas trinken zu gehen, ist für den Freundeskreis nicht mehr sehr attraktiv. Die Einladung zur Party am Wochenende sagen wir daher nicht ab, ohne eine ausführliche Begründung mitzuschicken – als Beleg dafür, wie beschäftigt wir sind: „Am Samstag kommt meine Schwester aus Paris zu Besuch. Wir haben Karten für die Pollesch-Premiere und danach eine Reservierung in diesem neuen ‚Make-Your-Own-Thai-Food'-Restaurant."

HEUTE VERLIEREN WIR FREUNDE, WENN WIR ZU VIEL ZEIT FÜR SIE HABEN.

Früher verloren wir Freunde, wenn wir zu wenig Zeit für sie hatten. Heute verlieren wir Freunde, wenn wir zu viel Zeit für sie haben.

Und all das gilt nicht nur für Leute zwischen 30 und 40, für die Zeitschriften wie *Business Punk* im Regal liegen und die mit „Erlebnis-Dinner" statt „Abendbrot" groß geworden sind. Im Gegenteil: Oft scheinen gerade die Altersgruppen dem Stresszwang auch jenseits der Arbeit besonders zu erliegen, die von früher noch ein anderes Leben kennen. Auch ihr Leben sieht heute so aus: am Freitagnachmittag die Weinlagenwanderung mit dem Ortsverein, am Samstagnachmittag Schwimmbad mit den Enkeln, abends Chorkonzert in der Kirche, sonntags das Wohnzimmer „redekorieren", am Montag mit dem Gärtner die neue Gartenbepflanzung besprechen. Der Freizeitstress steigert sich sogar bis zum Rentenalter immer weiter, wo er bei vielen seinen Höhepunkt erreicht. Lesen Sie die Geschichte von

Regina, 67, Rentnerin, ehemals Fremdsprachensekretärin: „Ich habe seit fast 40 Jahren eine beste Freundin. Wir sind beide unverheiratet. Früher konnten wir zusammen Pferde stehlen. Wir haben jeden Tag mindestens eine Stunde telefoniert und fast alles zusammen unternommen. Seit zwei, drei Jahren sehen wir uns immer seltener.

Ich dachte zunächst, das liege an mir. Ich wollte diesen Zustand gern ändern und bot an: ‚Melde dich, wenn du dich mit mir treffen willst. Ich kann immer.' Danach meldete sich meine beste Freundin noch seltener. Sie hatte ständig etwas vor, Treffen mit den Vogelschützern, Ausstellungseröffnung in Potsdam, den Neffen in Wien besuchen. Eines Tages sagte ich zu ihr: ‚Ich finde es schade, dass du kaum noch Zeit hast.' Sie entgegnete: ‚Entschuldige, dass *ich* ein Leben habe.' "

NICHT EINMAL EIN RENTNER DARF BEIM ARZT IM WARTE-ZIMMER MEHR SAGEN: „ICH HABE ZEIT."

Früher durfte (nur) ein Rentner beim Arzt im Wartezimmer gelassen sagen: „Ich habe Zeit." Heute erntet selbst der Rentner dafür mitleidige Blicke.

Nur wer Stress hat, hat auch Freunde

Weil Freizeit Herausforderung ist, können wir längst professionelle Hilfe einkaufen, um diese Herausforderung so herausfordernd wie möglich zu machen. Airlines fliegen uns „zum Taxipreis" am Wochenende in jede denkbare Stadt, zum Frühstücken, Kaffeetrinken oder Shoppen – wobei wir an den anderen Orten genau die gleichen Cafés und Geschäfte vorfinden wie zu Hause. Anderen oder uns selbst können wir „Freizeitgeschenke" machen und dabei aus riesigen Katalogen in „Adrenalinshops" wählen. Aktfotos mit dem Partner, Hochhausklettern, Formel-1-Schnupperkurs, Dinner im Salzbergwerk, eine Nacht im Gefängnis für zwei, Bierbrauseminar, Tierpfleger für einen Tag – das sind die Maßstäbe, an denen sich unsere Freizeit heute messen lassen muss. Wer zwei solcher „Herausforderungen" an einem Wochenende abhaken kann – immerhin gibt es da ja Samstag und Sonntag –, der kann sich im Bekanntenkreis schon sehen lassen.

> **STRESS BRAUCHT ZU-SCHAUER, SONST IST ES KEIN GESELLSCHAFTLICH RELEVANTER STRESS.**

Unsere Geschäftigkeit ist dabei unbedingt geeignet zu dokumentieren.

Stress braucht Zuschauer, sonst ist es kein gesellschaftlich relevanter Stress.

Im Büro können wir unseren Arbeitsstress recht einfach mit ein paar Akten auf dem Tisch demonstrieren oder simulieren; die Kollegen sind ja vor Ort und sehen alles. Unsere Arbeitszellen in Großraumbüros oder in unseren gläsernen Einzelbüros sind perfekt darauf angelegt, unseren Stress zur Schau zu stellen. Beim Freizeitstress ist es schon viel schwieriger, das ausreichend große Publikum zu finden. Die Küchentafel ist wieder in Mode gekommen. Hier steht mit weißer Kreide in großer Schrift: „Balkonpflanzen kaufen, Urlaub buchen, Geschenk für Silberhochzeit Mama und Papa aussuchen, Tisch bei Giovanni reservieren." Schlimm wäre es, wenn der Bekanntenkreis ernsthaft dächte, Feierabend könnte einfach Feierabend sein.

Unverzichtbar für die Stressinszenierung sind natürlich mobile Kommunikationsgeräte. Der Austausch mit anderen ist enorm wichtig, wenn man gestresst sein und etwas davon haben will. Prompt hat sich auch die dazugehörende Angst herausgebildet: Nomophobie ist die Angst, nicht erreichbar zu sein. Wir pflegen unsere Tätigkeitslisten im Internet. Twitter und die sozialen Netzwerke eignen sich hervorragend dafür, alle Welt an unserem Freizeitstress teilhaben zu lassen: „Joe muss gleich noch mal raus, was einkaufen." „Lina hat sich gerade eine Tasse Tee mit Sojamilch gemacht (lecker) und denkt jetzt ne Weile über ihr Leben nach." „Tara ärgert sich mit dem Ticketautomaten am Bahnhof rum, mal wieder kaputt, Stress, Stress, Stress." Jeder Atemzug wird zu einem Ereignis, unser Leben quietscht nur so. Auch das ist nicht nur bei den 25-Jährigen so. Mancher Student im ersten Semester staunt Bauklötze über den Freizeitstress seiner Mutter, den er Tag und Nacht live bei Facebook verfolgen kann.

Haben Sie über die Geschichte mit dem aufzuhängenden Bild am Anfang dieses Kapitels noch gelacht? So abwegig ist diese Geschichte auch im Privatleben heute dann eben doch nicht mehr. Auch hier machen wir längst aus jeder Fruchtfliege einen Elefanten:

Wir teilen der Welt jeden unserer Atemzüge mit, treten Gruppen und Foren zu Nichtigkeiten bei, jedes normale Essen wird zum experimentellen Erlebnis-Dinner, über das wir uns mit anderen wochenlang austauschen können, als ginge es um unser Leben.

Früher haben wir uns über Menschen amüsiert, die beim gemeinsamen Abendessen ein Blackberry neben sich legten und, wenn es vibrierte und rot blinkte, hektisch eine E-Mail lasen. Wir machten uns darüber lustig, wie solche Menschen einen Arbeitsstress simulierten, der gar nicht da war. Denn meist stand in der E-Mail nichts, das man nicht auch nach dem Abendessen, gewagterweise sogar am nächsten Morgen hätte lesen können.

HEUTE IST ES NORMAL, DASS DIE MEISTEN MENSCHEN BEIM ESSEN, SCHLAFEN, SEX EIN MOBILES GERÄT NEBEN SICH LIEGEN HABEN.

Heute ist es normal, dass die meisten Menschen beim Essen, Schlafen, Sex – und natürlich: bei der Arbeit – ein mobiles Gerät neben sich liegen haben, das ständig vibriert und leuchtet.

Nur sind das alles private „Herausforderungen", die da eingehen: Über Twitter teilt ein entfernter Bekannter mit, dass er jetzt gerade braunen Rohrzucker in seinen Tee gibt. Gleich kommentieren. Über Facebook kommt eine Partyeinladung für übernächste Woche rein – schon die dritte. Gleich antworten. Per SMS verschiebt die beste Freundin das gemeinsame Kaffeetrinken. Gleich Ersatztermin finden. Über eine App kommt ein neues Kochrezept für Paare rein. Gleich kommentieren, den Einkaufszettel runterladen und mit dem Partner einen Termin zum Ausprobieren finden. Wie harmlos waren damals die paar Nachrichten, wegen derer wir die ersten Blackberry-Benutzer als künstlich Arbeitsgestresste belächelt haben– verglichen mit unserem Freizeitstress heute.

Selbst wenn wir bei all dem Stress tatsächlich einmal Ruhe und Entspannung suchen sollten, so ist dies wiederum heute selbst zum Stress geworden:

Was machen wir zu Hause, wenn wir in der Badewanne liegen? Früher lagen wir einfach da, genossen das Bad und taten gar nichts. Deswegen badeten wir. Heute müssen wir uns bereits bei der Auswahl des Badezusatzes genau überlegen, welcher Tätigkeit wir beim Baden nachgehen wollen: „Anregung", „Gleichgewicht", „Vitalisierung", „Hautstraffung", „Meditation", „Abwehrstärkung". Es gibt kaum noch ein Badesalz, das einen Hehl daraus macht: Baden hat nicht nur einen höheren Sinn (darauf gehen wir später noch ein), Baden ist eine aktive Tätigkeit, eine zielgerichtete Sache, deren Ergebnis sich überprüfen lässt. Baden ist: Stress.

„Power-Napping" und „Entschleunigung" sind Aufgaben, die ebenso auf der To-Do-Liste stehen wie „Speed-Dating wg. Partnersuche" und „Hemden in die Reinigung bringen". Sie alle wollen ordentlich erledigt sein, konkurrieren mit anderen „Aufgaben" und verursachen so natürlich selber Stress. In Gruppen und Foren blasen wir ein Phänomen auf, für das wir uns früher einfach einmal eine Stunde auf den Balkon gesetzt und dem getigerten Kater im Garten gegenüber zugeschaut hätten. Doch so einfach ist das heute nicht mehr.

Ausruhen ist kein Selbstzweck: Energie tanken, nachdenken, zu sich selbst kommen, so nennen wir das heute.

Alles sehr zielgerichtete Tätigkeiten eben.

Ist Ihnen schon einmal aufgefallen, dass Entspannung mitten in Europa nur noch über asiatische „Künste" zu haben ist? Yoga, Meditation, Qigong und Taijiquan? Alles andere wäre in unserem gestressten Freizeitleben viel zu unspektakulär. Früher kannten wir noch Begriffe wie „autogenes Training".

> **AUSRUHEN IST KEIN SELBSTZWECK: ENERGIE TANKEN, NACHDENKEN, ZU SICH SELBST KOMMEN, SO NENNEN WIR DAS HEUTE.**

„Über die Kunst des Müßiggangs im digitalen Zeitalter" berichtete der *Spiegel*, der *Focus* gab Hinweise über „Die Biologie der Entspannung – Von der Kunst, Körper und Geist richtig aufzutanken". Beides waren Titelgeschichten mit jeweils über zehn Seiten. Das heißt erstens: Im „digitalen Zeitalter" ruht man sich anders aus als in anderen Zeitaltern. Und zweitens: Dieses Ausruhen ist eine Kunst, die es zu erlernen gilt, nichts, was man auf die leichte Schulter nimmt, was gar jeder könnte. Also eine perfekte Möglichkeit, seinem Privatleben wieder ein bisschen mehr Stress-Glanz zu verleihen, die man sorgfältig planen, ausführen, kommunizieren und aufblasen kann. Denn was großen Nachrichtenmagazinen eine Titelgeschichte wert ist, das trägt ein bisschen Trubel im Privatleben allemal.

Mit jedem Furz die Welt verändern

VIER

Der absurde Sinnstiftungszwang

Machen wir eine Zeitreise, ein paar Millionen Jahre zurück: Die Erde ist gerade erschaffen. Sie heißen Eva, sind einer von zwei Menschen. Sie leben im Paradies: Tiefblaue Flüsse, funkelnde Edelsteine, fruchtbare Gärten, alles ist da. Sie brauchen sich um nichts zu kümmern. Das Essen ragt Ihnen in den Mund. Sie beißen einfach zu.

Dummerweise ist gerade ein kleines Malheur passiert. Sie und Ihr Mit-Mensch haben eine köstliche Frucht von einem verbotenen Baum gegessen. Gott ist gekommen und hat Ihnen eine Standpauke gehalten. Und er hat die schlimmste aller Strafen mitgebracht: Sie müssen das Paradies verlassen und fortan arbeiten. „Unter Mühsal sollst du dich ernähren alle Tage des Leben", herrscht Gott Ihren Mit-Menschen Adam an. Die Bibel wird später berichten, Sie beide seien aus dem Paradies vertrieben worden, um „den Erdboden zu bearbeiten".

Plötzlich arbeiten zu müssen – was für eine tragische Strafe!

Zeitreise zurück in die Gegenwart: Sie heißen vielleicht auch Eva. Auf der Internetseite der Bundesregierung lesen Sie: „Durch gezielte Maßnahmen fördert die Bundesregierung die Erweiterung der Erwerbsmöglichkeiten von Frauen." Ihre Geschlechtsgenossinnen haben in den letzten Jahrzehnten beharrlich für Sie gekämpft – damit Sie arbeiten *dürfen*! Lange Zeit gingen fast nur die Männer morgens aus dem Haus und einer bezahlten Arbeit nach. Später fügten die Politiker in das Bürgerliche Gesetzbuch den Satz ein: „Beide Ehegatten sind berechtigt, erwerbstätig zu sein."

Plötzlich arbeiten zu dürfen – was für ein großes Glück!

Was um Himmels willen ist in diesen paar Millionen Jahren passiert?

Wie konnte die Arbeit eine solch atemberaubende Karriere hinlegen: von der Vertreibung aus dem Paradies, von einer Strafe für die Menschheit – hin zum heiß umkämpften Glücksversprechen?

WIE KONNTE DIE ARBEIT EINE SOLCH ATEMBERAUBENDE KARRIERE HINLEGEN?

Wie konnte die Arbeit von etwas so Abscheulichem zu etwas so Begehrenswertem werden? Das ist ein Lehrstück für jede PR-Agentur.

Die Arbeit: Vom Schmuddelkind zum Superstar

Damit wir uns richtig verstehen: Wir wollen den Frauen nicht das Recht zu arbeiten absprechen. Es geht uns um das Image der Arbeit selbst.

Denn Arbeit war nicht nur in den ersten Tagen unserer Erde – und nicht nur in der Bibel – eine Strafe, die niemand freiwillig suchte. Sie blieb es auch danach noch für sehr, sehr lange Zeit. Genau genommen haben wir Menschen sogar gerade erst in den letzten paar Jahren damit angefangen, die Arbeit als selig machenden Zustand zu verherrlichen.

Als wir Menschen noch Jäger und Sammler waren, verbrachten wir nur wenige Stunden in der Woche damit zu arbeiten – genau so viel, wie eben nötig war, um uns von dieser Arbeit zu ernähren. Der

Soziologe Marshall Sahlins hat in seiner Untersuchung *Stone Age Economics* herausgefunden: Arbeit war damals bestenfalls ein Teilzeitjob! Niemand suchte Arbeit um ihrer selbst willen. Niemand versprach sich von der Arbeit Glück, Selbstverwirklichung oder Lebenssinn.

In der Antike blieb Arbeit etwas Schmutziges, Ehrenrühriges: Sklaven und Leibeigene hatten sie auszuführen. Wer Geld hatte, wer zur gesellschaftlichen Elite gehörte, dachte nicht im Traum daran, um ein irgendwie geartetes Recht auf Arbeit zu *kämpfen*. Er mied die Arbeit, wo es ging. Wer etwas auf sich hielt, zeigte das gerade dadurch, dass er *nicht* arbeitete. Arbeit galt als schlecht für den Menschen. Sie stand im Ruf, den Geist abzustumpfen und den Menschen zu korrumpieren. Der erstrebenswerte Zustand des Menschen war der Müßiggang – Zeit zu haben um nachzudenken, zu philosophieren, zu debattieren. Dieses Leitbild verkörperte perfekt der griechische Philosoph Diogenes: Bevor er sich für körperliche Arbeit verschwendet hätte, senkte er lieber seine materiellen Ansprüche und lebte in einer Tonne. Seinen Schöpfbecher warf er weg, als er bei einem Kind sah, dass man Wasser auch mit den bloßen Händen auffangen kann.

Auch im Mittelalter behielt die Arbeit ihren Ruf als Last für den Menschen: Die Mönche in den Klöstern sahen sie in erster Linie als Buße für Sünden an, also immer noch nicht als irgendetwas Erstrebenswertes.

Erst im 16. Jahrhundert änderte sich das Image der Arbeit – und damit reichlich spät, wenn man die gesamte Geschichte der Arbeit betrachtet. Martin Luther wählte für die Arbeit plötzlich das Wort „Beruf". Er adelte damit die Arbeit zu einer göttlichen Pflichterfüllung. Plötzlich stand alles auf dem Kopf: War Arbeit für – und seit – Adam und Eva eine Strafe Gottes, so war es nun Teufelszeug, *nicht* zu arbeiten. Die Arbeit, die bisher immer Last und Pflicht war, hatte plötzlich ihre besondere Aura bekommen.

Die Industrialisierung brachte uns Menschen später dazu, unsere Arbeit an der Uhr auszurichten – und von Tag zu Tag effizienter zu werden. Zur besonderen Aura kam die Rastlosigkeit.

Beides pflegen wir bis heute.

WER DIE ARBEIT NICHT ALS DEN ERFÜLLENDEN KERN SEINES LEBENS BEGREIFT, IST KEIN MENSCH.

Wer heute *nicht* arbeitet und dabei *nicht* gleichzeitig die Arbeit als den sinnstiftenden und erfüllenden Kern seines Lebens betrachtet, der ist kein vollwertiger Mensch.

War früher die Arbeitslosigkeit die einzig gesellschaftlich akzeptable Lebensform, so leiden die Arbeitslosen heute hauptsächlich darunter, dass der Rest der Gesellschaft sie stigmatisiert. Folgende Geschichte erzählte uns

Tobias, 38, städtischer Angestellter in einer Kleinstadt: „Ich nahm einmal eine Woche Resturlaub im März. Ich verreiste nicht, sondern ging mit meinem fünfjährigen Sohn morgens um elf auf den Spielplatz. Dort auf der Bank saß eine Mutter aus unserer Nachbarschaft mit ihrer kleinen Tochter. Aus einiger Entfernung hörte ich plötzlich, wie diese Mutter zu meinem Sohn sagte: ‚Wird Zeit, dass dein Papa wieder eine Arbeit findet. Ist ja kein Leben, so was.'"

Arbeit zu schaffen, die Menschen „in Arbeit zu bringen", ist das oberste Ziel jeder deutschen Bundesregierung seit vielen, vielen Jahren. Es fehlt in keinem Parteiprogramm. Der „Erhalt von Arbeitsplätzen" ist ausschlaggebend für viele politische Entscheidungen, und „sozial ist, was Arbeit schafft".

Allen Menschen die Möglichkeit zu geben zu arbeiten ist natürlich ein wichtiges Anliegen. Aber je deutlicher wir die Arbeitslosen immer und überall als zu lösendes „Problem" beschreiben, desto deutlicher bringen wir auch unsere Haltung zur Arbeit zum Ausdruck: Wer keine hat, ist kein Mensch. Bezeichnenderweise nennen wir Arbeitslose politisch korrekt „Arbeitssuchende". Denn wer keine Arbeit hat, der kann ja nur – welche suchen. Wer Arbeit hat, ist hingegen „in Amt und Würden".

„Amt" und „Würde" sind zwei Seiten derselben Medaille.

„AMT" UND „WÜRDE" SIND ZWEI SEITEN DERSELBEN MEDAILLE.

Dementsprechend geht unsere Gesellschaft auch großteils mit Menschen um, denen diese Medaille mit ihren beiden unzertrennlichen Seiten fehlt. Viele Menschen ohne Arbeit berichten: Freunde brechen den Kontakt ab, Kinder werden in der Schule gehänselt, manche Ärzte verweigern die Behandlung. Der Partner geht, sucht sich jemanden mit Arbeit. Ohne Arbeit hat das Leben keinen Sinn.

In der Antike hätten wir verschwiegen, dass wir unsere Zeit mit Arbeit verbringen – heute ist eine der ersten Fragen, wenn wir jemanden kennen lernen: „Was machen Sie beruflich?" Partnerbörsen werben damit, die „Elite" zu vermitteln, und diese „Elite" bestimmt sich offenbar nach der Berufsbezeichnung. „Kardiologe, Journalistin, Architekt – machen Sie jetzt den ersten Schritt", damit wirbt zum Beispiel die Vermittlungsagentur *Elite Partner* im Internet.

Und das sind immerhin noch Berufe, unter denen man sich etwas vorstellen kann. So sehr haben wir uns inzwischen in den Gedanken hineingesteigert, dass die Berufsbezeichnung unserem Leben Sinn und Wert gibt, dass wir die absurdesten Titel hinzuerfunden haben und uns auf unsere Visitenkarten kleistern: Unter „Manager" geht es dabei keinesfalls mehr!

Wer früher nicht mal eine Visitenkarte gehabt hätte, ist heute „Manager Business Development and Vision Implementation".

Oder zumindest „Regional Funds Coordinator Europe, Middle East & Asia". Oder „Project Manager Strategic Change and Alliances". Oder „Head of"-Sonstwas …

Die Chefsekretärin hinter dem Pseudonym Katharina Münk beschreibt in ihrem Buch *Und morgen bringe ich ihn um*, wie verliebt selbst Topmanager mit ihren Visitenkarten („Status auf 9 x 5,5 cm") umgehen, deren Korrekturabzug jeder Chef höchstpersönlich und mit größter Sorgfalt prüft: „Es werden ganze Meetings unterbrochen, um in Ruhe und weltvergessen den Finger über die verschiedenen Papierqualitäten und Stahlstich-Schriften der Kärtchen streichen zu lassen. Ein wohliges Hochgefühl und diebische Vorfreude breiten

WER FRÜHER NICHT MAL EINE VISITENKARTE GEHABT HÄTTE, IST HEUTE „MANAGER BUSINESS DEVELOPMENT AND VISION IMPLEMENTATION".

sich aus." Und sie beschreibt, wie Beschäftigte auf allen Ebenen um die Statusbeschreibung auf der Karte kämpfen bis aufs Messer.

Unsere Visitenkarte nehmen wir sogar mit ins Grab, besser: aufs Grab. Und auf die Todesanzeige. Auf Grabsteinen und Todesanzeigen ist wenig Platz, Raum nur für einige wenige Angaben, die etwas über den verstorbenen Menschen aussagen sollen: Name, Geburtsdatum und Sterbedatum, also das Alter. Und dann? „Braune Augen"? „Guter Familienvater"? „Sie las leidenschaftlich gern Romane"? Nein. Auf vielen Grabsteinen und in fast allen Todesanzeigen sehen wir stattdessen die Berufsbezeichnung: „Dipl-Ing.", „Oberstudienrat a.D.", „Arzt".

WER SEINEM LEBEN NICHT DURCH DIE RICHTIGE BERUFSBEZEICHNUNG SINN UND INHALT GEGEBEN HAT, SIEHT AUF DEM GRAB BLASS AUS.

Wer seinem Leben nicht durch die richtige Berufsbezeichnung Sinn und Inhalt gegeben hat, sieht auf dem Grab noch blasser aus als unter der Erde.

Leider gilt das auch schon all die Jahre vorher. Studien belegen, dass der Verlust des Arbeitsplatzes viele Menschen in eine ähnliche Krise stürzt wie der Tod des Lebenspartners. Und wenn Sie schon mal ein Klassentreffen hatten, dann kennen Sie vielleicht aus eigener Erfahrung das Spiel, das uns eine junge Dame beschrieben hat.

Minou, 29, Krankenschwester: „Wir hatten kürzlich zehnjähriges Abitur-Jubiläum. Ein ehemaliger Klassenkamerad lud ein, selbstverständlich von seinem dienstlichen E-Mail-Konto aus, nicht von seinem privaten. Wie zufällig prangte unten die E-Mail-Signatur: Er war ‚Bereichsleiter Geschäftskunden' bei einer Bank. Und jetzt ging das Spiel erst richtig los! Jede Menge anderer Leute meldeten sich zu Wort mit irgendwelchen Kommentaren, alle mit ihrer beruflichen Signatur. Es wimmelte nur so von Projektleitern, Teamleitern, Heads of. Ich selbst habe kein dienstliches E-Mail-Konto und schon gar keine schillernde Berufsbezeichnung. Ich meldete mich nicht zu Wort und entschied mich auch, zu dem Treffen gar nicht zu erscheinen."

Immer mehr Menschen haben gar keinen Privatabsender mehr. Viele bitten ihren gesamten privaten Bekanntenkreis, sich nur über die dienstlichen Kontaktdaten an sie zu wenden, „dann bekomme ich es auf jeden Fall immer". Deutlicher kann man nicht mehr sagen: Ich existiere als Träger meiner Berufsbezeichnung.

Platzen Sie auch jeden Tag fast vor Spaß an Ihrer Arbeit?

Und weil das so ist, weil die Arbeit unser Leben mit Sinn und Freude auflädt, weil wir nur ihr unser Leben als vollwertiger Mensch zu verdanken haben – deshalb kommt zu den Zwängen, die wir bisher besprochen haben, noch ein weiterer hinzu:

Die Gesellschaft erwartet heute nicht nur, dass wir gut arbeiten, viel arbeiten, hart arbeiten – wir sollen auch mit jeder Pore zeigen, dass die Arbeit uns vor Freude fast zerplatzen lässt und unser Leben so prall mit Sinn und Inhalt füllt, dass es an allen Seiten schäumend überläuft.

ARBEIT STIFTET WERTVOLLEN SINN UND UNENDLICHEN SPASS.

Wer das nicht überzeugend zur Schau trägt, ist suspekt. Erste Unternehmen – das ist kein Witz – haben die Pflicht, Spaß an der Arbeit zu haben, bereits in ihre Arbeitsverträge aufgenommen – wer schlechte Laune zeigt oder gar meckert, wird abgemahnt.

Unsere Gesellschaft lädt die Arbeit konsequent mit Sinn auf. Arbeit stiftet wertvollen Sinn und unendlichen Spaß! Kein Unternehmen lässt heute einfach nur noch so arbeiten. Firmen lassen sich in teuren Seminaren beibringen, wie sie ihren Mitarbeitern am besten den großartigen Lebenssinn vermitteln können, den sie ihnen mit der

Beschäftigung freundlicherweise stiften. Alles hat einen höheren Sinn, und das dokumentieren wir in Mission-Statements und Unternehmensvisionen. Die wenigsten davon entstehen übrigens in den Unternehmen selbst! Jedes Unternehmen kann sich sein Mission-Statement aus dem Katalog einer PR-Agentur aussuchen. Entsprechend gleich klingt das dann alles: „Wir sind der führende Anbieter von XY. Wir vereinen technischen Fortschritt mit menschlicher Leidenschaft. Unser oberstes Ziel ist, die Bedürfnisse unserer Kunden zu befriedigen. Dadurch tragen wir Verantwortung in der Gesellschaft. Dieser Verantwortung stellen wir uns nachhaltig. Auch der Umwelt fühlen wir uns verpflichtet …" Und so weiter. Und schon hat jeder Handgriff im Unternehmen eine unglaubliche Bedeutung für Mensch und Welt.

An dieser Messlatte und an sich selbst verzweifeln jeden Tag Millionen von Menschen: all die Menschen, die einfach nur arbeiten, um ihren Lebensunterhalt zu verdienen. Die keinen Spaß dabei zeigen, weil die Arbeit ihnen keinen Spaß *macht*. Die vor lauter Sinnerfüllung durch ihre Arbeit nicht ständig vor Freude strahlen und funkeln – weil ihre Arbeit sie nicht mit Sinn *erfüllt*. Die sich fragen: Woher soll ich all die Leidenschaft nehmen, die man von mir für diesen Job erwartet?

Denn Anspruch und Wirklichkeit könnten nicht stärker auseinanderfallen: Die Gallup Organization misst jedes Jahr mit dem Engagement-Index, wie stark Arbeitnehmer emotional an ihren Arbeitsplatz gebunden sind. Die Ergebnisse aus der Studie sind Jahr für Jahr ernüchternd: Knapp 90 Prozent der deutschen Beschäftigten verspüren überhaupt keine oder nur eine sehr geringe Bindung an ihren Arbeitsplatz.

Das sind allein in Deutschland fast 35 Millionen Menschen, die jeden Tag Frust im Job schieben!

Fast jeder Vierte ist laut Gallup „aktiv unengagiert". Wir wussten erst gar nicht, wie das gehen soll: „aktiv unengagiert" zu sein. Es bedeutet: Fast jeder Vierte hat nicht nur innerlich gekündigt, sondern arbeitet aktiv gegen die Interessen seines Unternehmens: Da fallen wichtige Unternehmensdokumente auf Nimmerwiedersehen hinter ein verstaubtes Regal – aus Versehen natürlich, wegen einer kleinen Unkonzentriertheit, kein Wunder bei der Arbeitsbelastung. Da wird eine pikante E-Mail an den Staatsanwalt weitergeleitet – und der Chef sitzt schneller in U-Haft, als man zu träumen gewagt hatte. Da erfahren neugierige Journalisten brisante Details aus dem internen Firmenzirkus – von einem Ex-Mitarbeiter, der nicht genannt werden möchte. „Whistleblowing" nennen Arbeitsforscher dieses inzwischen weitverbreitete Phänomen. Und Tausende bessern jeden Tag ihr Gehalt durch „persönliche Gewinnmitnahmen" auf – hier ein Stapel Kopierpapier, dort eine Packung Kaffee, der zu Hause gerade ausgegangen ist. Selbst PCs oder Hi-Fi-Anlagen tragen frustrierte Angestellte heute ohne jedes Schuldbewusstsein aus deutschen Büros – vorbei am Pförtner, der stumm zusieht und sich denkt: „Richtig so!"

Weitere 66 Prozent sind laut Gallup innerlich nur gering an ihren Arbeitgeber gebunden. Zwar sabotieren diese Mitarbeiter ihren Arbeitgeber nicht aktiv – immerhin, möchte man fast schon sagen. Jedoch schieben sie Dienst nach Vorschrift und warten ansonsten auf Feierabendbier und Ruhestandszigarre.

Lediglich 11 Prozent aller Arbeitnehmer in Deutschland zählen zu einer dritten Gruppe: Sie haben eine hohe emotionale Bindung zum Arbeitgeber, identifizieren sich mit ihrer Arbeit, erleben – tatsächlich – Sinn und Freude bei der Arbeit.

Für unser *Frustjobkillerbuch* haben wir ausführlich untersucht, worunter die Menschen bei der Arbeit leiden. Sie, liebe Leserinnen und Leser, lassen uns seitdem an Ihren ganz persönlichen Leidensgeschichten teilhaben, per E-Mail, per Brief oder im persönlichen Gespräch bei unseren Veranstaltungen, Coachings und Workshops. Glauben Sie uns: Unter den Klagenden sind auch und gerade diejenigen, die stolz ihre Visitenkarten und E-Mail-Signaturen vor sich hertragen, die scheinbar so unglaublich aufgehen in ihrer „Aufgabe". Lassen Sie uns den Tatsachen ins Auge sehen: Sinn, Spaß und Selbstverwirklichung empfindet kaum jemand bei seiner Arbeit. Im Gegenteil. Für unser *Frustjobkillerbuch* haben wir herausgefunden: Gerade die Menschen, die einen Job aus Idealismus wählen, die wirklich etwas bewegen wollen, die ihr Arbeitsleben einem höheren Sinn verschreiben, gerade diese Menschen sind von der Realität oft besonders schwer enttäuscht – von der täglichen Routine, von ganz banalen Dingen wie Verwaltungsarbeit. Und vor allem von der ernüchternden

Erkenntnis, dass ein einzelner Mensch auf der Welt immer nur ein sehr, sehr kleines Rad drehen kann.

Das alles wäre noch nicht so schlimm. Arbeiten, um zu leben, einfach ehrlich Zeit gegen Geld tauschen – mit dieser Einstellung ließe sich das einigermaßen aushalten. Was den eigentlichen Stress verursacht, ist der gesellschaftliche Zwang, Sinn und Spaß bei der Arbeit haben zu müssen. Und zeigen zu müssen.

Wer in seinen Job nicht von Leidenschaft besessen ist, der erntet vom Rest der Welt nur Mitleid.

WER IN SEINEN JOB NICHT VON LEIDENSCHAFT BESESSEN IST, DER ERNTET VOM REST DER WELT NUR MITLEID.

Sinn ohne Verstand

Und wie sieht es nach Feierabend aus?

Es gab einmal eine Zeit, in der man einfach mal spazieren ging. Inzwischen nimmt man beim Spazierengehen in jede Hand einen Ski-Stock, den man kräftig auf und ab bewegt. Schon hat das Spazierengehen seine nichtsnutzige Beliebigkeit verloren: Es ist zum Nordic Walking geworden – und hat einen Sinn bekommen. Nordic Walking ist eine Ausdauersportart, die die Muskeln im Oberkörper trainiert – um nur einen Vorzug zu nennen. Wer einfach nur spazieren geht, während andere nordicwalken, der verschwendet seine wertvolle Lebenszeit sinnlos.

Wie wir bei der Arbeit jeden Handgriff – und damit uns selbst – mit Erfüllung und höherem Sinn aufladen, so tun wir dies auch längst nach Dienstschluss. Mit etwas gutem Willen können wir *allem* einen höheren Sinn einhauchen – da wäre es töricht, sich für die sinnlose Variante zu entscheiden. Wir würden dann ganz bewusst ein sinnloses Leben führen, oder ein sinnreduziertes, jedenfalls streckenweise. Und wer will das schon von sich sagen?

Deshalb gibt es außer den Nordic-Walking-Stöcken noch andere lustige Geräte: Wir schnallen uns auf der Couch vor dem Fernseher einen Vibrationsgürtel um den Bauch – und schon wird aus „fernsehen": „trainieren". In der Schreibtischschublade horten wir kleine bunte Plastikbälle, die wir zwischendurch mal kräftig kneten – und schon wird aus einer „Pause": „Energie tanken".

Essen, so sollte man meinen, hat bereits aus sich heraus einen recht hübschen Sinn: Es erhält uns am Leben und ist daher vermutlich eine der sinnvollsten Tätigkeiten, denen wir uns widmen können. Doch das genügt uns heute nicht mehr. So viele Möglichkeiten gibt es, das Essen mit Zusatz-Sinn aufzuladen: Wir essen nicht nur kein Fleisch, weil wir vielleicht gerade keinen Hunger darauf haben – sondern wir schützen dadurch aktiv Tiere und Klima. Wiederkäuer stoßen nämlich Methan aus und schädigen das Klima. So können wir im wahrsten Sinne des Wortes mit jedem Furz die Welt verändern.

Wir taufen unser Essen wahlweise „Slow Food" oder „Fast Food". Ist es „Fast Food", so ernähren wir uns nicht nur, sondern sparen dabei auch noch Zeit. Ist es „Slow Food", so ermöglicht es uns eine „Reise zur Mitte des Lebens", wie es der *Jahres-Almanach der Internationalen Slow Food Bewegung* ausdrückt.

Und wo wir gerade über „slow" reden: Unser Wohnort kann dramatisch über Sinn oder Unsinn unseres Lebens bestimmen! Es liegt an Ihnen, ob Sie in einem Großstadt-Moloch wohnen – oder in einer der über 100 „Slow Cities" weltweit. Nur im zweiten Fall unterstützen Sie laut der Vereinigung „cittaslow" mit Ihrer Entscheidung Ziele wie „urbane Qualität", „Aufwertung der autochthonen Erzeugnisse", „Gastfreundschaft" oder die „Erhaltung der Vielfalt und einer eigenen Identität im Zeitalter der Globalisierung und Vermassung".

Wir nehmen nicht einfach nur Strom aus der Steckdose – sondern wählen bewusst aus fast 10.000 Stromtarifen denjenigen aus, der unserem Leben noch mehr Sinn einhaucht.

> **WIR NEHMEN NICHT EINFACH NUR STROM AUS DER STECKDOSE.**

Je nachdem, ob wir Ökostrom oder Atomstrom wählen, engagieren wir uns politisch – ganz einfach beim Föhnen oder Rasieren, das sonst nur ein

Föhnen oder Rasieren gewesen wäre. Die sogenannte Liberalisierung des Strommarktes sollte einmal mehr Freiheit bringen, für Anbieter und Kunden. In Wirklichkeit hat sie uns eine weitere Entscheidung aufgebürdet, bei der wir nicht versagen und in die Sinnlosigkeit des Daseins abdriften dürfen.

Unser Geld legen wir nicht einfach nur auf der Bank an. Wir zahlen es in Fonds ein, die etwas bewegen – die in „nachhaltige Unternehmen" investieren oder in soziale Zwecke. Oder gewähren mit unserem Sparstrumpf gleich selbst Mikrokredite an Menschen in der Dritten Welt. Oder wir legen ihn wieder unters Kopfkissen, weil wir ganz bewusst und demonstrativ „diesem ganzen verbrecherischen Finanzsektor das Vertrauen entziehen" wollen.

Ähnlich ist es im Hotel: Ob wir ein Handtuch zweimal benutzen oder es täglich wechseln lassen, macht den Unterschied zwischen Umweltretter und Weltzerstörer. Das teilen uns die Hotels ja auch freundlicherweise über kleine Hinweisschilder mit.

Wenn wir einen Brief verschicken, so können wir entscheiden, ob wir die CO_2-neutrale Variante wählen, bei der die beim Transport erzeugten CO_2-Emissionen gemessen und durch Klimaschutzprojekte ausgeglichen werden. Oder wir können den Brief ganz normal verschicken und nichts für die Umwelt tun; auch das kann eine bewusste Haltung sein. Auf jeden Fall entscheiden wir uns – zwangsläufig – für eine der beiden Möglichkeiten, und schon wird ein einfacher Brief zu einer Angelegenheit mit welt- und menschheitsweiten Folgen.

Das gilt auch für viele andere Alltagshandlungen, nach denen früher kein Freiland-Hahn gekräht hätte. Ob wir Broccoli frisch auf dem Markt oder tiefgekühlt kaufen, ob wir das neue Notebook bei Aldi oder im Elektronik-Fachgeschäft besorgen – alles kann unser Leben mit Sinn erfüllen, wenn wir es „richtig" machen. Oder eben nicht, wenn wir es „falsch" machen. Gauben Sie nicht? Schnappen Sie sich mal im Internet einen CO_2-Rechner und lassen Sie sich den persönlichen Sinnbeitrag Ihres Lebens vor Augen führen. Sie werden sehen: Er hängt unter anderem davon ab, ob Ihr Kaufverhalten eher „durchschnittlich" ist oder „großzügig", ob Ihre Kaufkriterien eher „günstiger Preis" oder „Funktionalität" sind, ob Sie Tiefkühlprodukte nur „gelegentlich" oder schon „2–3 Mal die Woche" kaufen.

Wenn wir unser Handy mal ausstellen, dann nicht nur, weil wir gerade nicht gestört werden wollen. Wir entsagen ganz bewusst „der digitalen Kommunikationsgesellschaft". Wenn wir altes Gerümpel aus dem Keller schaffen, dann liegt das niemals nur daran, dass wir es nicht mehr brauchen und es Platz wegnimmt. Wir „entschlacken", werfen „Ballast von der Seele". Oder wer hätte einmal gedacht, dass um einfache Alltagstätigkeiten wie „Papier entsorgen" oder „eine Tasse grünen Tee trinken" eine internationale Bewegung und Geisteshaltung mit dem Namen „simplify" entstehen würde?

FÜNF

Alle Wege führen nach Rom, aber nur einer ist am romsten

Der absurde Perfektionszwang

Stellen Sie sich vor, Sie haben gerade Ihr Design-Studium beendet. Weil wir in der Generation Praktikum leben, bedeutet das noch lange nicht den Einstieg ins Berufsleben – erst absolvieren Sie natürlich ein paar Praktika.

Nun haben Sie einen Praktikumsplatz in der Marketingabteilung der Modefirma „Berühmte Mode" bekommen. Der neue Katalog muss fertig werden, alle arbeiten auf Hochtouren, auch Sie schieben ein paar Extraschichten.

Als Sie lange nach Mitternacht erschöpft in Ihrer WG ankommen, sehen Sie auf dem Küchentisch Post für Sie liegen. Dabei ist auch ein Brief von „Berühmte Mode".

Mit müden Augen lesen Sie:

Betreff: Ihr Praktikum von Mai bis September
Hier: Rechnung Nr. Pr12653

Sehr geehrte Frau Schulze,

für Ihr oben bezeichnetes Praktikum in unserem Hause erlauben wir uns
folgenden Betrag in Rechnung zu stellen:

Pos.	Menge	Art.-Nr.	Bezeichnung	Betrag
1	1	8212	Praktikum Marketingabteilung (3 bis 6 Monate)	5.000,00 €
			19 % MwSt	950,00 €
		Rechnungsbetrag		**5.950,00 €**

Wir bitten Sie, den Betrag innerhalb 14 Tagen auf unser Konto zu
überweisen.

Mit freundlichen Grüßen

„Berühmte Mode"
Praktikantenabrechnung

Unvorstellbar? Leider bereits Realität! Aus den USA kommt die Idee,
den Praktikanten für ihre Arbeitsleistung nicht die Kasse aufzufüllen –
sondern sie selbst zu selbiger zu bitten. Auf Auktionsplattformen
werden „hochwertige Arbeitserfahrungen" versteigert, oft für mehrere Tausend Euro. Ein Praktikum bei einer Zeitung, einer Film-
produktion – alles hübsche Bausteine, die man seinem Lebenslauf
heute optional gegen kleine Gebühr zubuchen kann.

Und was kostet *Ihr* Praktikum?

Unbezahlte Praktika – daran haben sich viele inzwischen gewöhnt. Aber dass einem selbst eine Rechnung dafür ins Haus flattert?

Dass Menschen allen Ernstes Geld bezahlen, weil ihr Lebenslauf nur mit dem begehrten Praktikum dem inzwischen herrschenden Standard entspricht – das zeigt, wie sehr absurde gesellschaftliche Zwänge unser Arbeitsleben heute bestimmen.

GALT FRÜHER „NUR" DIE REGEL „KEINE LÜCKEN IM LEBENSLAUF", SO MUSS DER LEBENSLAUF HEUTE EIN GESAMTKUNSTWERK SEIN.

Galt früher „nur" die Regel „Keine Lücken im Lebenslauf", so muss der Lebenslauf heute ein Gesamtkunstwerk wie aus der Molekularküche sein.

Sonst kann man es gleich vergessen auf dem Arbeitsmarkt. Hilfsorganisationen können ein Lied von Kandidaten singen, die gegen Ende ihres Studiums plötzlich ihre soziale Ader entdecken. „Aktives Mitglied bei Amnesty International" liest sich nicht nur gut. Es rettet die Rubrik „Soziales Engagement" im Lebenslauf möglicherweise vor der Leere. Und eine Mitgliedschaft gibt es schon für gut 25 Euro im Jahr, das rechnet sich allemal.

Doch nicht jeder schafft es, sich die nötigen Bausteine zu besorgen. Wer nicht zahlen kann, muss lügen. „Humanitäres Praktikum in Südamerika" steht da im Lebenslauf – obwohl der Kandidat in Südamerika nur zwei Monate als Rucksacktourist unterwegs war. Die letzte Position wird nebst Gehalt ein wenig gepimpt und schöngeredet. Der anderthalbtägige Spanisch-Crashkurs am Wochenende als „verhandlungssicheres Spanisch" verkauft. Und das sind noch die harmlosen Punkte. Erfunden werden inzwischen ganze Schul- und Studienabschlüsse, Doktortitel und eindrucksvolle Stationen bei anderen Unternehmen – einschließlich der passenden gefälschten Zeugnisse.

Die Studie *Workplace Survey* der Robert Half Personalberatung ergab:

- 30 Prozent beschönigen ihre Verantwortung und tatsächliche Tätigkeit im vorherigen Arbeitsverhältnis,
- 22 Prozent täuschen bessere Managementfähigkeiten vor,
- 16 Prozent bessere Sprachkenntnisse,
- 10 Prozent ein höheres letztes Gehalt,
- 5 Prozent Softwarekenntnisse,
- und immerhin 4 Prozent erfinden einen unzutreffenden Bildungs-grad.

Und was sind zum Beispiel Ihre Schwächen, wenn Sie in einem Vorstellungsgespräch danach gefragt werden?

Ist es bei Ihnen auch die Ungeduld? „Ich kann es einfach nicht ertragen, wenn jemand langsam arbeitet."

Oder doch der Perfektionismus? „Bei mir muss immer alles 110-prozentig sein. Das ist ganz furchtbar, aber ich kann einfach nicht anders."

Alle Bewerbungsratgeber schärfen uns ein: Nur ein Trottel bekennt sich im Vorstellungsgespräch zu einer echten Schwäche. Entweder Sie nennen eine Pseudo-Schwäche, die eigentlich eine Stärke ist. Oder Sie überlegen ganz, ganz lange – bis Ihnen eine Schwäche einfällt, die natürlich nichts mit der ausgeschriebenen Position zu tun hat: „Ich bin ganz furchtbar ungeschickt darin, ein Raumschiff zu bauen."

Wie es bei der Bewerbung und im Vorstellungsgespräch anfängt, so geht es auch im Rest des Berufslebens weiter. Für Schwächen oder gar Fehler ist kein Platz.

Wer Fehler macht, macht keine Karriere!

So hoch ist der Druck geworden, im Job perfekt zu sein, dass die Beschäftigten längst auch in arbeitsfreien Stunden darunter leiden: Nach einer Studie des *stern* grübelt jeder dritte Deutsche unmittelbar nach dem Aufstehen über berufliche Probleme. Aus unserer Praxiserfahrung können wir Ihnen sagen: Es sind vermutlich gut doppelt so viele.

Bernd, 36, Strategieplaner: „Ich habe mindestens dreimal in der Woche den immer gleichen Traum: Ich habe eine Arbeit für meinen Chef fertig gemacht, habe mir viel Mühe gegeben, Überstunden gemacht, es ist wirklich gut geworden. Am nächsten Morgen stürmt mein Chef in mein Büro und brüllt mich an, weil ich irgendwo ein Komma vergessen habe. Die Bürotür steht offen, und alle können hören, dass ich ein Versager bin. Dann wache ich schweißgebadet auf."

Viele Menschen haben uns bei den Recherchen für dieses Buch berichtet, dass sie jeden Morgen vor der Arbeit Beruhigungsmittel nehmen. Die unmenschliche Anforderung, perfekt zu sein, hält kein Mensch bei klarem Verstand aus.

Wer allerdings ehrlich ist und dazu steht, dass er nicht perfekt ist, der versetzt seine Umwelt in ungläubiges Staunen.

Erik, 32, Mitarbeiter in einer PR-Agentur: „Ich hatte einen schweren Fehler gemacht – einer unserer Kunden, ein großes Unternehmen, hatte mir vertrauliche Zahlen gegeben. Die sollte ich nur intern verarbeiten, als Hintergrundinformation für Gespräche mit der Politik. Aus Versehen schickte ich diese hochsensiblen Zahlen mit anderen Informationen in einer E-Mail an einen Mitarbeiter in einem Bundesministerium. Es war wirklich der Super-GAU; mir gefror das Blut in den Adern in dem Moment, als ich den Fehler bemerkte. Zurückholen konnte ich die E-Mail nicht mehr. Ich wusste: Wenn sich der Kunde darüber bei meinem Chef beschweren würde, dann würde ich meinen Job sofort verlieren. Ich war ja sogar noch in der Probezeit! Also ergriff ich die Flucht nach vorne: Ich rief den Hauptabteilungsleiter des Unternehmens persönlich an. ‚Meine Schuld', sagte ich gleich am Anfang. ‚Ich habe einen großen Fehler gemacht.' Ich entschuldigte mich in aller Form, erklärte, dass ich hätte aufmerksamer sein müssen. Dass ich diesen Fehler wohl kaum wieder gutmachen könne. ‚Alles, was ich tun kann, ist, Ihnen mein Versprechen zu geben: So etwas kommt nicht wieder vor.' Der Mann am anderen Ende der Leitung lauschte stumm. Als ich fertig war, sagte unerträgliche Sekunden lang gar niemand etwas. Schließlich räusperte sich der Kunde hörbar bewegt und sagte: ‚In meinem ganzen Berufsleben habe ich noch nie erlebt, dass jemand so klar zu einem Fehler steht.' Und nach weiteren quälenden Sekunden: ‚Sehen Sie einfach zu, dass Sie denselben Fehler nicht noch einmal machen, Sie Schussel.' Damit war das Gespräch beendet. Meinem Chef hat der Kunde nie etwas von der Angelegenheit erzählt. Bis heute nicht. Aber ich habe es inzwischen getan. Und arbeite immer noch hier.‟

Wer – selbstverständlich nur in geheimer Selbstklausur – tatsächlich eine klitzekleine Schwäche an sich entdeckt, der arbeitet besessen daran, diese Schwäche auszubügeln. Dafür bietet heute jedes Unternehmen, das etwas auf sich hält, Coachings für die Mitarbeiter an. Die Botschaft dabei ist leider fast immer: Gegen jede Schwäche gibt es ein Trainingsprogramm. Es liegt nur an dir selbst! Dabei sind auch die Erbanlagen kein Hindernis mehr, wenn wir nur wollen: „Der Sieg über die Gene. Klüger, gesünder, glücklicher: Wie wir unser Erbgut überlisten können", jubelt der *Spiegel* auf einem Titelblatt im August 2010.

NUR WENIGE COACHES HELFEN IHREN KLIENTEN DABEI, DAS EINZIG MENSCHLICHE UND DAHER AUCH EINZIG MÖGLICHE ZU TUN.

Nur wenige Coaches helfen ihren Klienten dabei, das einzig Menschliche und daher auch einzig Mögliche zu tun: Mit Schwächen umzugehen, anstatt sie zu eliminieren.

Alle Wege führen nach Rom, aber nur einer ist am romsten
Der absurde Perfektionszwang

Hässlich? Selber schuld!

Immer größer wird auch die Zahl der Menschen, die zum „Karriere-Coaching mit Skalpell" greifen. TNS Infratest fragte 1 000 Männer, wie das Aussehen ihrer Ansicht nach die Karriere beeinflusst. Das

Ergebnis: Neun von zehn Männern halten den optischen Eindruck für karriereentscheidend. Bei den Berufseinsteigern zwischen 30 und 39 Jahren sind es sogar 97 Prozent!

Und in der Tat: Hinter vorgehaltener Hand bestätigten uns viele Personaler ganz unverblümt, dass sie attraktivere Bewerber bevorzugen. Zahlreiche Studien belegen das. Die Ökonomen Daniel Hamermesh und Jeff Biddle etwa haben festgestellt, dass attraktivere Männer 15 Prozent mehr verdienen als solche, die nach gängigen Schönheitsidealen als unattraktiv gelten. Die Wirtschaftswissenschaftler Susan Averett und Standers Korenman haben gar einen „Fettleibigkeitsindex" aufgestellt: Wer Übergewicht hat, verdient im Schnitt weniger als seine schlanken Kollegen. Und ein Klassiker ist das Experiment mit den Lebensläufen: Man legt Testpersonen ein und denselben Lebenslauf mit unterschiedlichen Fotos vor. Sie sollen die Kompetenz des Bewerbers bewerten, nicht dessen Schönheit. Und siehe da: Die Testpersonen nehmen die Attraktiveren durchweg als insgesamt kompetenter wahr.

All das ist nicht neu. Neu ist, dass Schönheitschirurgen ganz offen damit werben, mit Botox und Brustvergrößerung die Karriere anzutreiben. In New York bot ein Schönheitschirurg das „Job Fighter Package" an. Sein erklärtes Ziel: Es über 40-Jährigen noch zu ermöglichen, mit den „frisch aussehenden" jüngeren Wettbewerbern im Unternehmen und auf dem Arbeitsmarkt generell zu konkurrieren. Das „Job Fighter Package" war so erfolgreich, dass die Branche sich seitdem nicht mehr zurückhält. „Es ist wissenschaftlich belegt, dass schöne Menschen leichter Karriere machen als ihre in Sachen Schönheit benachteiligten Mitmenschen", wirbt etwa eine deutsche Praxis. Branchen-Insider schätzen, dass inzwischen ein Viertel aller Schönheits-OPs beruflich veranlasst ist. Wer also keine Karriere macht, weil er zu hässlich ist, der ist selbst schuld. Er hätte mehr für seine Perfektion tun müssen.

> **WER KEINE KARRIERE MACHT, HÄTTE MEHR FÜR SEINE PERFEKTION TUN MÜSSEN.**

Das i-Tüpfelchen als Tor zur Hölle

Nehmen wir an, in Ihrem Küchenschrank steht eine Packung Müsli. Sie setzt sich wie folgt zusammen: Eine Grundmischung aus Weizenflocken, Haferflocken, Roggenflocken mit ein wenig Dinkel. Dazu 2 Prozent getrocknete Feigen, 4 Prozent Kürbiskerne und 3 Prozent Kokosraspeln.

Nehmen wir an, Sie haben sich folgende Erkenntnis hart erarbeitet – durch Nachlesen, durch Nachdenken, durch wochenlanges Diskutieren in einer Spezialistengruppe im Internet: Perfekt für Sie – einen 32-jährigen Mann mit 182 Zentimeter Körpergröße und 72,5 Kilogramm Körpergewicht, ein stressiger Job in einer Bank, zweimal die Woche Sport, im Privatleben kommunikativ und kreativ – perfekt für Sie ist ein Müsli mit nicht 4, sondern 3 Prozent Kürbiskernanteil. Und dafür 1 Prozent mehr getrockneter Feigen.

Was hätten Sie früher getan?

Früher hätte Sie diese Erkenntnis gar nicht interessiert. Denn das Müsli hätten Sie nur fertig in Ihrem Ort kaufen können – so oder gar nicht. Zwar hätten Sie im Reformhaus die Zutaten auch einzeln kaufen und mischen können, aber das war nur etwas für Freaks, ihren Kumpel Harald zum Beispiel, über den alle dumme Sprüche machten.

Heute können Sie sich im Internet Ihr Müsli maßgeschneidert zusammenstellen.

Heute können Sie selber bestimmen, ob Ihr Müsli 3 oder 4 Prozent Kürbiskernanteil hat. Damit wird die Frage, welcher Anteil perfekt ist, höchst relevant.

Sie können auch jede andere Feinheit Ihres Müslis selbst bestimmen – damit wird auch jede andere Frage nach jeder anderen Feinheit höchst relevant.

Und Fragen können nicht offen bleiben. Es gibt für jede Frage genau *eine* richtige Antwort.

> HEUTE KÖNNEN SIE SELBER BESTIMMEN, OB IHR MÜSLI 3 ODER 4 PROZENT KÜRBISKERNANTEIL HAT.

Nehmen wir an, Sie haben zu Hause eine Partnerin. Sie setzt sich wie folgt zusammen: Eine Grundmischung aus braunen Haaren, braunen Augen, schlanker Linie, guter Bildung, viel Humor. Dazu 2 Prozent Vorliebe für Chopin, 4 Prozent Sportbegeisterung und 3 Prozent Interesse an moderner Belletristik.

Nehmen wir an, Sie haben sich folgende Erkenntnis hart erarbeitet – durch Nachlesen, durch Nachdenken, durch wochenlanges Diskutieren in einer Spezialistengruppe im Internet: Perfekt für Sie – einen 32-jährigen Mann mit 182 Zentimeter Körpergröße und 72,5 Kilogramm Körpergewicht, ein stressiger Job in einer Bank, zweimal die Woche Sport, im Privatleben kommunikativ und kreativ – perfekt für Sie ist eine Partnerin mit nicht 3, sondern 4 Prozent Interesse an moderner Belletristik. Und dafür einem Prozent weniger Vorliebe für Chopin.

Was hätten Sie früher getan?

Früher hätte Sie diese Erkenntnis gar nicht interessiert. Denn die Partnerin hätten Sie nur fertig in Ihrem Ort kennen lernen können – so oder gar nicht. Zwar hätten Sie weltweit in allen Zeitungen der Welt maßgeschneiderte Suchanzeigen aufgeben können, aber das war nur etwas für Freaks, ihren Kumpel Harald zum Beispiel, über den alle dumme Sprüche machten.

Heute können Sie im Internet Ihre Partnerin maßgeschneidert suchen. Kontaktbörsen führen mit Ihnen psychologische Tests durch und „matchen" Sie mit Partnern, deren Profil genau zu Ihrem passt. Partner mit ganz bestimmten Interessen können Sie in ganz bestimmten Kontaktbörsen kennen lernen: für Ärzte, für Hundebesitzer, für Leute mit Heuschnupfen, für Linkshänder, für Fußnagelfetischisten. Heute können Sie selber bestimmen, ob Ihre Partnerin oder Ihr Partner 3 oder 4 Prozent Interesse an moderner Belletristik hat. Damit wird die Frage, welcher Anteil perfekt ist, höchst relevant. Sie können auch jede andere Feinheit Ihrer Partnerin selbst auswählen – damit wird auch jede andere Frage nach jeder anderen Feinheit höchst relevant.

Und Fragen können nicht offen bleiben. Es gibt für jede Frage genau *eine* richtige Antwort. Der Perfektionszwang aus dem Arbeitsleben ist längst auch nach Feierabend bei uns eingezogen.

> **WEIL DAS LEBEN NACH DER ARBEIT SO KNAPP UND KOSTBAR IST, DÜRFEN UNS DABEI AUF KEINEN FALL FEHLER UNTERLAUFEN!**

Weil das Leben nach der Arbeit so knapp und kostbar ist, dürfen uns dabei auf keinen Fall Fehler unterlaufen, auch keine kleinen!

Und wer die Frage nach dem perfekten Partner endlich geklärt hat, dem steht eine andere schwierige Entscheidung bevor: die Entscheidung für die Form des Zusammenlebens. Hier gibt es inzwischen fast so viele Möglichkeiten wie bei der Partnerwahl selbst. Die Internet-Enzyklopädie Wikipedia listet neben der „Normalfamilie" derzeit folgende „Lebensformen" als aktuell auf: „Einpersonenhaushalt, Alleinerziehendenhaushalt, nichteheliche Lebensgemeinschaft, kinderlose Ehe, getrenntes Zusammenleben, Wohngemeinschaft, gleichgeschlechtliche Lebenspartnerschaft, Regenbogenfamilie (Familien, bei denen Kinder bei zwei gleichgeschlechtlichen Partnern leben), Fernbeziehung oder Commuter-Ehe (beide Partner arbeiten unter der Woche getrennt wohnend und sehen sich oft nur am Wochenende), Kinder mit mehreren (biologischen und sozialen) Müttern und Vätern (Adoptiv-Familien oder Stieffamilien; man spricht auch von sogenannten binuklearen Familien, wenn die geschiedenen – nicht sorgeberechtigten – Elternteile den Kontakt mit ihren Kindern aufrechterhalten), polyamore Familien (Familien mit mehr als einer Partnerschaft unter den mindestens drei Erwachsenen)". Das ist der Stand, als dieses Buch entsteht – wenn Sie es lesen, sind sicherlich noch einige neue Formen hinzugekommen.

Wenn Sie die perfekte Schwangere sein wollen, können Sie unter anderem all das nicht essen: ungewaschenes, rohes Obst und Gemüse, daraus hergestellte Säfte, Shakes und Speisen, rohes Getreide und daraus zubereitete Speisen, Getreidekeimlinge, Käserinde, Schnitt- und Weichkäse aus Rohmilch, Käse mit Rotschmiere, Sauermilchkäse, offen verkauften Frischkäse und eingelegten Käse, rohen Fisch, Räucherfisch, Matjes, Barsch, Hecht, Heilbutt, Seeteufel, Steinbeißer, Thunfisch, rohes oder nicht durchgebratenes Fleisch, rohe Pökelfleischprodukte, Fleischsalat ohne Konservierungsstoffe, streichfähige Rohwurst. Verlassen Sie sich aber um Himmels willen nicht darauf, dass diese Liste komplett ist – aus Platzgründen ist das nur eine kleine Auswahl von der Seite rund-ums-baby.de.

Die Geburt selbst könnte unperfekt werden, wenn ein etwa individuell nötiges Geburtsrad fehlt oder ein Pudendusblock. Und über die Varianten „natürlich", „Kaiserschnitt" oder sonstiges wollen wir hier gar nicht reden; nur *eine* kann perfekt sein für Ihre konkrete Situation.

Ist das Kind da, können Sie beim Schnuller schnell ins verachtenswerte Reich des Unperfekten abrutschen. Es gibt kiefergerechte Schnuller mit unten flachem Saugteil, die allerdings auch Zahnfehlstellungen hervorrufen können – wenn man sie falsch einsetzt. Zum richtigen Zeitpunkt müssen Sie daher die Schnullergröße anpassen. Oder Sie nehmen einen universellen Schnuller, einen weichen Rundsauger, der sich für das Kind anfühlt wie die Brustwarze der Mutter. Oder einen Schnuller in Kirschform oder Tropfenform? Es gibt nur eine *richtige* Lösung.

56 Gramm Walnüsse können Ihr Leben retten

Die moderne Kommunikation hat uns gelehrt: Alles ist irgendwo auf der Welt so zu haben, wie wir es brauchen, wie es perfekt zu uns passt. Dafür gibt es Seiten im Internet, die alles sichten und testen. Sogar auf Partnerbörsen kann man heute nachlesen, wie andere „Nutzer" die Kusstechnik und andere intime Details bestimmter Singles und potenzieller Sexparter bewerten. Und diese Seiten werden selbst auch wieder getestet, sodass es genau *eine* richtige Testseite gibt, die für uns genau das *eine* richtige Produkt ermittelt – oder zusammenstellt. Müsli, Saft, Tee oder Kaffee, Marmelade, Schokolade, Turnschuhe, Wohnungen, Lebensorte, Lebenspartner, Schwiegereltern – Kompromisse sind nicht nur unnötig, sie machen unser Leben unsinnig.

Wenn wir heute unserer besten Freundin erzählen, wir seien in irgend-

> **WENN WIR UNSERER FREUNDIN ERZÄHLEN, WIR SEIEN EINEN KOMPROMISS EINGEGANGEN, WIRD SIE UNS DIE LEVITEN LESEN.**

einem Bereich unseres Lebens allen Ernstes einen Kompromiss einge-
gangen, dann wird sie uns erst zwei, drei Sekunden mitleidig von
oben bis unten mustern und uns dann die Leviten lesen.

Fehler können wir uns auch im Privatleben nicht mehr leisten,
und ein Fehler ist alles, was nicht zu 100 Prozent richtig ist. Also auch
jeder Kompromiss.

Und so „customizen" wir unser Leben. Es gibt offiziell keine
Sachzwänge mehr, keine Notwendigkeiten mehr, alles können wir bis
ins letzte Detail selber bestimmen – gerade das bringt aber den Zwang
mit sich, bis ins letzte Detail alles richtig zu machen. Perfekt eben. Es
gibt immer nur *eine* richtige Entscheidung: Das *eine* richtige Müsli,
den *einen* richtigen Partner. Selbst Kondome können wir heute customizen – damit es nicht zwickt. „Finden Sie die perfekte Größe", werben Anbieter, „Zufriedenheit garantiert oder Geld zurück."

Übrigens: Wussten Sie schon, dass 56 Gramm Walnüsse pro Tag
die Adern elastischer machen? Die positive Wirkung setzt schon nach
zwei Monaten ein! Das berichtet das Apothekenmagazin *Diabetes
Ratgeber*. Aber Vorsicht: 54 Gramm reichen nicht aus, während 60
Gramm schon wieder zu viele Kalorien haben und die gesundheits-
fördernde Wirkung in ihr grausames Gegenteil verkehren könnten.
Es gibt, wie bei allen anderen Lebensmitteln, genau *eine* richtige
Möglichkeit.

Und für alles andere, zwischen Müsli, Partner und Kleidung,
gibt es erst recht genau die *eine* richtige, perfekte Entscheidung. Zum
Beispiel den richtigen Freundeskreis – auf Facebook finden wir jede
Art von Mensch und können uns mit ihm anfreunden. Warum sollten
wir Freundschaften schließen, die nicht zu 100 Prozent zu uns passen?

Wir reden nicht mehr einfach, wir „kommunizieren". Um heute
jemandem etwas mitzuteilen, gibt es genau *eine* richtige Formulierung und *einen* richtigen Kommunikationsweg – unter Twitter, Facebook, E-Mail, SMS, Handy, Festnetz, Brief, Postkarte, E-Brief, per-
sönlichem Gespräch und vielen anderen Möglichkeiten. Den
professionellen Konzern-Stil haben wir dabei oft schon mit übernommen: knapp, sachlich, effizient. Auch bei privaten E-Mails. Wir
schreiben Texte wie:

Wir wählen nicht mehr zwischen Hunderten von Radiosendern aus –
es könnte ja sein, dass das Programm nur 96 Prozent unseres Musik-
geschmacks trifft oder, kaum auszumalen, sogar noch weniger! Wir
stellen uns ein persönliches Webradioprogramm im Internet zusammen und bringen ihm nach und nach mühsam bei, das *eine* für uns
perfekte Programm zu spielen.

Coaching-Sendungen im Fernsehen, Kolumnen in Zeitungen und
Zeitschriften und eine Flut an Ratgebern lehren uns: Ob wir Tep-
piche verlegen wollen, ein Haus verkaufen oder ersteigern, eine Rose
pflanzen oder pflücken, ein Steak braten oder essen, Schulden tilgen,
einen Heiratsantrag machen, Kinder erziehen, ein Restaurant eröff-
nen, mit unserem Partner schlafen, Popstar, Model oder Praktikant
werden, Krimskrams auf dem Flohmarkt verkaufen, einen Nachbar-
schaftsstreit schlichten oder Neonfische in unserem Aquarium füttern – es gibt immer genau *eine* richtige Art, es zu tun. Weil wir das
wissen, ist alles andere, alles Falsche, restlos überflüssig und absurd.

Selbst für unser eigenes Rollenverständnis gibt es heute ein breites
Spektrum. Klar ist dabei nur eines:

Männer dürfen auf keinen Fall so sein, wie
Männer bisher „typischerweise" waren.
Frauen dürfen auf keinen Fall so sein, wie
Frauen bisher „typischerweise" waren.

Seit Jahren gibt es in Europa eine
politische Diskussion darüber, inwieweit „Stereotype in der Werbung" verboten werden sollen. Autos dürften in
der Werbung dann nicht mehr von

MÄNNER UND FRAUEN DÜRFEN AUF KEINEN FALL SO SEIN, WIE SIE BISHER „TYPISCHERWEISE" WAREN.

Männern, Waschmittel nicht mehr von Frauen gekauft werden. Das würde im Umkehrschluss heißen: Autos dürften in der Werbung *nur* noch von Frauen, Waschmittel *nur* noch von Männern gekauft werden. Zwischen beiden Extremen gibt es unzählige Nuancen – und für jedes Paar genau *eine* richtige Rollenverteilung.

Weil es für alles einen dicken Katalog gibt, weil dieser Katalog für jeden das eine perfekte Angebot enthält, das es nur zu finden gilt – deshalb ist das unser Alltag heute: Bedürfnisse analysieren, Informationen sammeln, Informationen sammeln und noch mal Informationen sammeln, abwägen. Ständig optimieren wir, wie wir es aus dem Büro gewohnt sind. Besonders als Männer verfallen wir schnell in die Rolle des Unternehmensberaters, wenn wir uns einmal zu Hause bei der Familie blicken lassen:

Marlene, 39, Teilzeit-Anwältin: „Ich arbeite von zu Hause aus, kümmere mich daneben um unsere zwei Kinder, Benjamin (5) und Blandina (3). Mein Mann schaut abends und manchmal am Wochenende kurz aus dem Büro vorbei. Er hört sich dann ein paar Schilderungen aus dem Familienalltag an und macht sofort Optimierungsvorschläge: ‚Während der Große beim Friseur ist, kannst du doch mit der Kleinen was zum Anziehen kaufen. Und wenn wir einen Aqua-Stopp installieren, könnte die Spülmaschine auch laufen, wenn niemand zu Hause ist.‘ Bei allem fragt er sich sofort, wie man es noch verbessern kann, wie im Büro. Wenn er seine Verbesserungsvorschläge gemacht hat, düst er wieder ab."

Die große Auswahl und der damit verbundene Perfektionszwang haben Folgezwänge mit sich gebracht: Zum einen kann das perfekte Leben nur führen, wer *flexibel* ist. Wer nicht bereit ist, alles stehen und liegen zu lassen, wenn irgendwo auf der Welt ein besserer Arbeitsplatz, Wohnort, Lebenspartner oder Tennisschuh auftaucht, der gilt heute nicht mehr als „Macher" seines eigenen Lebens.

WIR MÜSSEN HEUTE AUF JEDEN FALL UNFASSBAR INDIVIDUELL SEIN.

Zum anderen müssen wir heute auf jeden Fall unfassbar individuell sein.

Früher gingen wir zu Recht davon aus, dass jeder Mensch einzigartig ist, ohne dass er sich dafür besonders anzustrengen bräuchte. Trotzdem gehen wir heute schnell in der grauen Masse unter, wenn wir nicht ständig beim Individualitätswettlauf antreten.

Damit verbunden ist der allgegenwärtige Zwang, *kreativ* zu sein! Kreativ sein, das heißt: Alle, aber wirklich *alle* Möglichkeiten prüfen („über den Tellerrand schauen!") und sich dann keinesfalls für das Naheliegende entscheiden, sondern für das Überraschendste. Ihr Lieblingsschriftsteller zum Beispiel sollte unbedingt einer sein, den kaum jemand kennt, dessen Werke man nur schwer bekommt, als Book on Demand oder im modernen Antiquariat. Und weil wir am Ende, um bloß individuell genug zu sein, *alle* einen solchen Lieblingsschriftsteller haben, passiert genau das, was wir so gerne vermeiden wollten: Wir gehen kläglich in der grauen Masse des Durchschnitts unter.

Abwarten und das Leben verpassen

Der Perfektionszwang im Privatleben führt oft dazu, dass wir so lange wie möglich noch gar nichts entscheiden. Sondern alle Alternativen offen halten, bis es gar nicht mehr anders geht.

Eine Entscheidung, die noch offen ist, kann jedenfalls noch nicht falsch getroffen worden sein.

Das beruhigt. Wenn wir etwas nicht zu 100 Prozent entscheiden oder tun können, nicht voll hinter etwas stehen und uns auf etwas einlassen können – dann warten wir lieber noch.

EINE ENTSCHEIDUNG, DIE NOCH OFFEN IST, KANN JEDENFALLS NOCH NICHT FALSCH GETROFFEN WORDEN SEIN.

Das kennen wir von früher nur von Silvesterpartys: Da kamen manchmal schon im Oktober Einladungen von Freunden. Kein Mensch hatte im Oktober schon seinen Silvesterabend verplant, es sei denn, mit der eigenen Hochzeit. Nichts sprach dagegen, eine solche Einladung anzunehmen. Trotzdem antworteten wir erst mal: „Hallo Nico und Caro, danke für Eure nette Einladung. Jörg und ich haben noch ein paar andere Anfragen für Silvester laufen, daher können wir echt noch nicht definitiv zusagen. Wir melden uns noch mal." Und so verfuhren wir von Einladung zu Einladung. Bis zuletzt hielten wir uns die Option auf das richtige, einmalige Knaller-Silvester offen. Das konnte ja immer noch kommen. Und wenn es nicht kam, konnten wir am 31.12. um 21 Uhr immer noch bei Nico und Caro zusagen.

Dieses Offenhalten, bis uns das Perfekte begegnet – das haben wir inzwischen auf fast alle anderen Lebensbereiche ausgedehnt. Das ganze Leben ist zur Silvesterparty geworden. Es beginnt mit scheinbar harmlosen Dingen: Weil wir heute alle eine Digitalkamera haben, schauen wir uns Fotos gleich vor Ort im Display an – und löschen sie wieder und schießen sie erneut, so oft, bis die Situation perfekt festgehalten ist. Wenn wir von einer Situation kein perfektes Foto schaffen, dann gibt es diese Situation für die Nachwelt nicht. Schnappschüsse, die das „normale", also das nicht perfekte Leben festhalten, existieren seit einigen Jahren nicht mehr. Wer sich später einmal Fotos unserer Generation anschaut, bekommt den Eindruck: Da haben alle immer perfekt ausgesehen, geschaut, gelächelt.

Entscheidende Momente unseres Lebens bekommen wir gar nicht mit – weil wir viel zu sehr damit beschäftigt sind, sie perfekt festzuhalten.

ENTSCHEIDENDE MOMENTE UNSERES LEBENS BEKOMMEN WIR GAR NICHT MIT.

Alexander, 30, BWL-Student im letzten Semester: „Letztes Jahr habe ich ein Praktikum in Australien gemacht. An einem Wochenende nahmen mich meine Kollegen mit auf einen Ausflug zum Ayers Rock, *der* Sehenswürdigkeit in Australien. Wer diesen Sandstein nicht gesehen

Alle Wege führen nach Rom, aber nur einer ist am romsten
Der absurde Perfektionszwang

hat, war nicht in Australien. Aber man muss den Ayers Rock natürlich auch zu einer bestimmten Tageszeit gesehen haben: Ziel eines jeden Touristen ist, ihn bei Sonnenaufgang zu sehen. Das ist definitiv das Größte. Man reist also an, übernachtet in der Gegend im Zelt, fährt dann morgens um vier, fünf Uhr zum Ayers Rock. So stand auch ich da, die Sonne kam am Horizont und ging auf. Ich zückte meine Digitalkamera, schoss eine Handvoll Fotos, schaute sie mir sofort im Display an – und war unzufrieden. Sie waren nicht perfekt, aber zum Glück war ich ja noch vor Ort. Ich wurde allerdings etwas hektisch, denn so ein Sonnenaufgang dauert nicht lange, und die Gelegenheit kommt wohl nie wieder. Ich löschte die Fotos und machte neue, 20 oder 30 Stück, ganz schnell, wie mit einem Maschinengewehr. Schaute sie mir wieder an, diesmal war eins dabei, das mir gefiel. Die Sonne stand inzwischen voll und rund am Himmel. Ich hatte ein perfektes Foto, allerdings eines, das es auf tausend Postkarten auch gab, eines, das ich mir genauso gut im Internet hätte herunterladen, ausdrucken und rahmen lassen können.

Wie es ist, wirklich *dabei* zu sein, wenn die Sonne aufgeht über dem Ayers Rock – diese Erfahrung fehlt mir bis heute. Obwohl ich sie gemacht habe."

Deshalb schieben wir zum Beispiel auch die Hochzeit lieber noch ein paar Jahre hinaus, ebenso wie den Wohnungskauf. Mit dem eigenen Kind warten wir lieber bis Anfang, Mitte 40 – denn vorher sind wir zu sehr beruflich eingespannt und können uns noch „nicht voll auf das Kind konzentrieren". Das ist später anders – hoffen und glauben wir. Das Problem dabei: Diesem Aufschieben steht der Leistungszwang entgegen. Denn wir haben ja bereits festgestellt: Wer nicht zur rechten Zeit das rechte Kind vorweist, hat auch wieder versagt. So konfligieren die Zwänge auch noch miteinander und machen uns das Leben so richtig schön unerträglich.

109

Arbeit an Leben: „Sind Sie öfter hier?"
Der absurde Balancezwang

SECHS

Arbeit an Leben: „Sind Sie öfter hier?"

Der absurde Balancezwang

Sonntagabend, 20.15 Uhr. Durch die Wohnzimmer schleicht wie eine dunkle, drückende Gewitterwolke das „Tatort"-Gefühl: Die Wochenend-End-Depression schnürt unserer fröhlichen Leichtigkeit von Feiertag, Freizeit und Freiheit die Luft ab.

Schluss mit langem Ausschlafen, gemütlichem Frühstück, Zeit für Familie. Ängstlich blicken wir auf die Uhr über dem Fernseher. Viel zu schnell springen dort die Zahlen weiter – mit jeder Minute rückt nicht nur der Mörder näher, sondern auch das Schreckgespenst Montag. „Wer braucht schon Arbeit?", seufzen wir verzweifelt. Wir sind müde, antriebslos, haben plötzlich keinen Hunger mehr auf die Peperoni-Pizza vor uns.

Am nächsten Morgen sitzen wir in der grauen U-Bahn, schauen in die ausdruckslosen Gesichter.

Hatten wir uns das Leben nicht doch ein wenig anders vorgestellt?

Müde schlagen wir die Montagszeitschrift auf, die wir eilig am Kiosk gekauft haben: „Deine Work-Life-Balance stimmt nicht", springt uns die Mahnung entgegen. „Was ist ein gutes Leben? – Wichtig ist, dass man seine Ideale nicht vergisst. – Zeit für sich haben." Die Buchstaben schwirren nur so vor unserem Kopf. Wir blättern um und fangen an, die Textkästen über die fünf Menschen zu lesen, „die den Ausstieg geschafft haben".

Aussteigen müsste man, denken wir – aus der stressigen Arbeit in ein echtes Leben. Aus dem Ort, an dem wir nur noch funktionieren, in einen Ort, an dem wir selbst bestimmen und Zeit und Raum genießen können: in ein echtes Leben. Arbeit und Leben, Work und Life – ja, das sind eben Gegenpole, so steht es ja überall. Weiter voneinander entfernt als Nord- und Südpol. Regelmäßig ergeben Umfragen: Unter den größten Wünschen der Berufstätigen ist der Wunsch nach „mehr Zeit". Doch nur Freizeit, das ist auch nichts, lesen und hören wir überall. Eine „Balance", sagen uns alle, sollen wir zwischen beiden herstellen. Wir versuchen das seit Jahren. Aber die „Balance" scheint eine Blindspur im Tatort Leben zu sein.

Warum zwei Probleme haben, wenn wir auch drei haben können?

Es ist schon verrückt: Je mehr man uns weismachen will, dass Arbeit dem Leben seinen Wert gibt, desto mehr glauben wir, dass die Arbeit uns vom Leben abhält. Dass Leben all das ist, was nichts mit Arbeit zu tun hat, alles, was außerhalb des Büros und seiner Öffnungszeiten stattfindet.

Weil Arbeit stressig ist *und* Freizeit stressig ist, lautet die uns seit Jahren gepredigte Zauberformel: Das eine muss für das andere ein Ausgleich sein! Dann ist alles nur noch ein Spiel. Es reicht nicht, nur einen perfekten Job und ein perfektes Freizeitleben zu haben! Nur wenn wir beide Pole, die ja ach so gegensätzlich sind, ins rechte Verhältnis bringen: Dann stimmt unser Leben.

WEIL ARBEIT *UND* FREIZEIT STRESSIG SIND, SOLL DAS EINE FÜR DAS ANDERE EIN AUSGLEICH SEIN!

Unternehmen werben inzwischen auf dem Arbeitsmarkt mit Work-Life-Balance-Freundlichkeit. Anleitungen gibt es zuhauf: Das Stichwort „Work-Life-Balance" liefert fast 2.000 Buchtitel! Das heißt: fast 2 000 unterschiedliche Methoden für den Ausgleich zwischen „Arbeit und Leben". Klosteraufenthalt, Teilzeit, Handy ausschalten, Sabbatical, Elternzeit, Lebensarbeitszeitkonten, Anti-Stress-Vertrag mit sich selbst – so viele Möglichkeiten schwirren uns um die Ohren, die Arbeit und Leben „miteinander vereinbaren" sollen. So einfach ist die Kunst der Balance offenbar nicht. Man muss ständig Buch führen, rechnen, vergleichen: Nur wenn wir eine Stunde länger im Büro später am Abend mit einer weiteren Rolle selbst gemachten Erlebnis-Sushis mit Freunden ausgleichen, sind wir wieder mit uns selbst im Reinen.

Das Problem dabei: Je mehr Überstunden wir machen, desto mehr Sushi-Rollen sind zum Ausgleich nötig. Die Zeit läuft uns hier wie dort davon, der Druck wird beruflich wie privat nur noch größer.

Jede Lebensphase, flüstern uns Ratgeber zu, habe ihr eigenes Gleichgewicht. Sie zerpflücken unser Leben in verschiedene Bereiche: Beruf, Familie, Freunde, Gesundheit, Inneres. Viele Bücher kredenzen uns dann einen „Balance-Vorschlag", der so oder so ähnlich lautet: Bis zum 35. Lebensjahr soll der Beruf 50 Prozent einnehmen, Freunde sollen 20 Prozent ausmachen, die anderen Bereiche je 10 Prozent. Ab 36 bekommt die Familie 40 Prozent, der Beruf wird auf 30 Prozent zurückgestutzt, für den Rest bleiben je 10 Prozent. Das wandelt sich bis zum 65. Lebensjahr – da sollen wir der Gesundheit 60 Prozent einräumen, dem Rest entsprechend weniger. So verbringen wir unser Leben mit Maßband, Stoppuhr und Taschenrechner – um ja nicht aus der Balance zu geraten.

DENN WER DIE BALANCE NICHT HAT, DAS WISSEN WIR JA: DER KANN KEIN GLÜCKLICHER MENSCH SEIN.

Denn wer die Balance nicht hat, das wissen wir ja: Der kann kein glücklicher Mensch sein.

Schon unken böse Menschen, die Work-Life-Balance funktioniere gar nicht. Man solle stattdessen auf die Work-Life-Separation setzen!

Arbeit und Freizeit räumlich trennen, zeitlich trennen, sozial trennen, gedanklich trennen. Dafür gibt es weitere – selbstverständlich strenge – Regeln, an denen wir uns herrlich abarbeiten könnten, wenn wir jemals Zeit dafür haben sollten.

Balance is the new black

Aber zu spät, der Balancezwang hat längst alle Lebensbereiche durchdrungen. „Gleichgewicht", das hört sich ja auch herrlich an, wer wollte sein Leben nicht im Gleichgewicht verbringen? Höchste Stellen adeln die „Balance" am laufenden Band. Regierungsdokumente wimmeln nur so von dem Begriff, den es stets zu verwirklichen gilt. Das Bundesgesundheitsministerium hat eine Broschüre mit dem Titel „Leben in Balance – seelische Gesundheit von Frauen" herausgebracht. Der Bericht der Bundesregierung *Lebenslagen in Deutschland*, auch „Armutsbericht" genannt, beklagt durchweg fehlende Balance. Die *Frankfurter Allgemeine Zeitung* fasst sogar den gesamten Bericht gleich unter der Überschrift „In Deutschland stimmt die Balance nicht mehr" zusammen, was suggeriert: Arme und Absteiger sind nicht schlimm, wenn es nur auch genügend Reiche und Aufsteiger in der Gesellschaft gibt. Die „Balance" wird zum Allheilmittel für jedes denkbare Problem.

So unbestritten ist der Balancezwang inzwischen, dass wir alles völlig selbstverständlich auf ihn ausrichten, ohne uns auch nur ansatzweise lächerlich vorzukommen.

Balance verkauft sich heute besser als Sex. Balance *ist* der neue Sex!

Schlendern Sie einmal mit offenen Augen durch Drogerie und Supermarkt und sehen Sie selbst: Tees, Tabletten, Badezusatz,

> **BALANCE VERKAUFT SICH HEUTE BESSER ALS SEX. BALANCE *IST* DER NEUE SEX!**

Gesichtscreme, Müsliriegel, Weichspüler, Körperlotion, Tierfutter, Badeschwämme, Kochbücher – all das gibt es in der Ausführung „Balance". Und noch vieles andere.

Selbst *innerhalb* von Beruf und Freizeit ermuntert uns die Gesellschaft, die Balance herzustellen: Glücklich können wir auf jeden Fall nur werden, wenn auch die Quote stimmt

- zwischen Schreibtisch und Dienstreise,
- zwischen Bildschirmarbeit und Nicht-Bildschirmarbeit,
- zwischen Kopfarbeit und körperlicher Betätigung,
- zwischen Anstrengung und Belohnung,
- zwischen Nähe und Distanz
  - mit unserem Chef,
  - mit unseren Kollegen,
  - mit unserem Partner,
  - mit unseren Freunden,
  - mit unseren Kindern,
- zwischen Zeit für uns selbst und Zeit für andere,
- zwischen der Zeit für einzelne
  - Familienmitglieder,
  - Kollegen,
  - Hobbys,
- zwischen Aktien, Immobilien und Festgeld bei der Geldanlage,
- zwischen Eiweiß, Fett und Kohlehydraten,
- zwischen Fast Food und Slow Food,
- zwischen RTL und arte,
- zwischen Schlafen und Wachsein,
- zwischen Duschen und Baden,
- zwischen Kopf und Bauch,
- zwischen allen sonstigen Körperregionen,
- zwischen Sex und keinen Sex haben,
- zwischen nüchtern und betrunken sein.

Und wir messen, berechnen, vergleichen.

Neben den Erfolgszwang im Büro und den Perfektionierungszwang in der Freizeit tritt ein Optimierungszwang für das Verhältnis zwischen beidem und zwischen verschiedenen Teilen aller Bereiche.

Wir sollen über 100 Prozent im Job leisten, über 100 Prozent in der Freizeit – und über 100 Prozent nochmal dabei, alles auszubalancieren. Macht zusammen weit über 300 Prozent, die wir uns täglich abverlangen.

Die Balance ist neben Work und Life zu unserem dritten Problem geworden.

SIEBEN

Sei du selbst, sonst bist du gar nichts

Der absurde Selbstverwirklichungszwang

Ach ja, fast hätten wir noch etwas vergessen. Denken Sie bloß daran, Sie selbst zu sein!

VER- GESSEN SIE BLOSS NIEMALS, SIE SELBST ZU SEIN!

Auch wenn Sie ständig an all die anderen Dinge denken müssen – *bei* der Arbeit viel leisten, geschäftig sein, Freude, Sinn und Leidenschaft zeigen, *vor* und *nach* der Arbeit viel leisten, geschäftig sein, Freude, Sinn und Leidenschaft zeigen, zwischen beidem und allem die Balance halten – eines ist ganz, ganz wichtig: Bleiben Sie dabei immer und überall Sie selbst! Verwirklichen Sie sich! Sonst entwertet Ihnen die Gesellschaft gleich wieder all die anderen Fleißpunkte, die Sie so brav gesammelt haben.

Aber predigen wir nicht gerade die Selbstverwirklichung in diesem Buch? Haben wir Ihnen nicht versprochen: Wir zeigen Ihnen den Weg zu Ihren wahren Wünschen, zu dem Leben, das Sie wirklich wollen?

Ja, das haben wir. Und wir lösen dieses Versprechen ein. Dafür ist es jedoch erforderlich, dass Sie sich zunächst vom *Zwang* zur Selbstverwirklichung befreien.

Und was wollte *ich* gleich nochmal?

Selbstverwirklichung ist ohne Frage ein wünschenswerter Zustand. Das Problem dabei ist: Es ist wie in der parlamentarischen Demokratie. Das Volk entscheidet nicht selbst durch Abstimmungen, was das Beste für das Volk ist. Abgeordnete entscheiden das, denn sie wissen besser als das Volk selbst, was gut für das Volk ist. So ist es auch mit der Selbstverwirklichung:

Was Ihr „Selbst" ist und wann es „verwirklicht" ist, das müssen Sie schon andere entscheiden lassen!

Und die haben dafür ziemlich genaue Kriterien.

WAS IHR „SELBST" IST UND WANN ES „VERWIRKLICHT" IST, DAS MÜSSEN SIE SCHON ANDERE ENTSCHEIDEN LASSEN!

Melanie, 36, Prokuristin in einer größeren Galerie im Rheinland: „Ich habe Kunstgeschichte und BWL studiert, schnell Karriere gemacht, bin innerhalb von vier Jahren zur Nummer zwei in unserer Galerie mit 12 Angestellten aufgestiegen. Das kostet viel Einsatz. Oft bin ich bis 9 oder 10 Uhr abends hier. Manchmal fällt mir danach noch zu Hause was ein, dann schreibe ich eine E-Mail an die Kollegen, damit es am nächsten Morgen nicht in Vergessenheit gerät. Viel Zeit für ein Privatleben habe ich da natürlich nicht mehr. Aber mir macht das Spaß, ich empfinde es nicht als Stress. Und ich habe auch nicht den Eindruck, dass mir etwas fehlt im Leben. Schon mehrfach habe ich aber mitbekommen, wie die Kolleginnen über mich lästern: Eine bedauernswerte Kreatur sei ich, von ihrer Arbeit aufgefressen, mutterseelenallein: ‚Warum macht die nichts aus ihrem Leben?'"

Vergleichen Sie das mit dem folgenden Beispiel.

Cornelia, 36, Mutter von zwei Söhnen: „Ich bin gelernte Physiothera-
peutin, habe mich aber schon vor ein paar Jahren dafür entscheiden,
den Job aufzugeben und mich um meine zwei Söhne zu kümmern.
Rupprecht ist heute 7 Jahre alt, Lukas ist 3. Ich bin geschieden und
bekomme Unterhalt von meinem Ex-Mann. Daneben helfe ich einen
Tag in der Woche in einem Bio-Laden aus. Insgesamt kommt dabei
nicht so wahnsinnig viel Geld rum, aber es reicht für uns drei völlig
aus. Ich bin mit diesem Leben sehr zufrieden, meine Familie ist das
Schönste, was ich habe. Dass ich im Berufsleben nicht gerade nach
vorn geprescht bin, fehlt mir nicht. Trotzdem weiß ich, was die Leute
hier im Haus über mich reden: ‚So eine hübsche, fleißige und kluge
Frau, und so ein Gammel-Dasein! Warum macht die nichts aus ihrem
Leben?'"

Was gut für uns ist, wenn wir uns selbst verwirklichen, das bestimmt
die Gesellschaft anhand formaler Kriterien: Geschlecht, Alter, Bildung, Herkunft, Familie, Aussehen. Über diese Kriterien bekommt
jeder von uns eine Identität – allerdings nicht seine eigene! Sondern
eine Gruppenidentität. Anhand ein paar formaler Kriterien gehören
wir plötzlich zum Beispiel zur Gruppe „junger männlicher High-Po-
tential aus einer alten Ärztefamilie". Die Gesellschaft weiß dann, was
für Mitglieder dieser Gruppe in der Regel am besten ist. Und damit
steht fest, wann es bei *ihnen* einen Selbstverwirklichungserfolg zu
vermelden gibt.

Wenn Sie zum Beispiel eine Single-Frau Anfang 30 sind, ein gutes
Jura-Examen in der Tasche haben – dann weiß die Gesellschaft ganz
genau, was Sie zu tun haben, um sich selbst zu verwirklichen: einen
guten Job in einer Großkanzlei annehmen (nicht: suchen, denn den
bekommen Sie ja nachgetragen), einen adäquaten Mann finden, vielleicht einen sportlichen Steuerberater oder einen Oberarzt, dessen
Eltern eine gut gehende Weinhandlung betreiben. Und Ihren Kinderwunsch dabei nicht aus den Augen verlieren. Dass Sie vielleicht gar
keinen Kinderwunsch haben, dass Sie sich auch nicht für Männer
interessieren und mit dem Gedanken liebäugeln, sich noch zur Alten-
pflegerin ausbilden zu lassen, das ist zweitrangig und darf für Sie

nichts zur Sache tun – wenn Sie nicht wollen, dass auf Ihrer Stirn in großen roten Buchstaben das schreckliche Wort „unselbstverwirklicht" prangt.

Aus unserer Gruppenidentität ergibt sich auch zwanglos, zu welchen Fragen wir richtigerweise eine Ansicht haben und welche.

Wenn Sie zum Beispiel ein junger, eher alternativ lebender Künstler sind und *trotzdem* die Zukunft der Atomkraft unterstützen – dann wird Sie Ihr Umfeld nur milde belächeln, denn Sie haben sich in Ihren Ansichten noch nicht selbst verwirklicht. Sind Sie eine dynamische Bankerin, dann wird Ihr Umfeld erwarten, dass Sie es sich leisten, zu einer solchen Frage *gar keine* Ansicht zu haben. Äußern Sie trotzdem eine, diskutieren Sie gar darüber, dann „laufen Sie vor den wahren Fragen in Ihrem Leben davon".

So sehr misst uns die Gesellschaft an unserer Gruppenidentität, dass wir oft tatsächlich auch unsere eigenen Entscheidungen danach ausrichten: wie sich ein typisches Mitglied „unserer Gruppe" verhalten würde.

Dazu gibt es interessante wissenschaftliche Experimente: Nehmen wir an, der Student Martin ist Mitglied einer Kirchengemeinde. Fragen wir Martin nun, ob er für Elvira, ein anderes, erkranktes Mitglied dieser Kirchengemeinde, ein paar Besorgungen machen könnte, so wird Martin ziemlich wahrscheinlich „ja" sagen. Sagen wir Martin aber, Elvira gehe es zwar nicht gesundheitlich, doch finanziell ganz blendend, und sie würde ihm auch pro Stunde 20 Euro bezahlen, dann – lehnt Martin empört ab! So geht das Experiment jedenfalls meistens aus.

Warum? Anderen zu helfen, das ist vorbildlich. Martins Besorgungen werden für Elvira auch keinen Deut weniger wertvoll, wenn er dafür 20 Euro pro Stunde bekommt. Geld für Arbeit anzunehmen ist zudem nichts an sich Verwerfliches; wir alle tun es ständig! Der Student Martin könnte das Geld auch brauchen. Die Lösung „Hilfe gegen Bezahlung" würde beiden Seiten, Martin *und* Elvira, den maximalen Nutzen bringen. Trotzdem sind Menschen wie Martin verärgert, wenn wir eine solche – für alle optimale – Lösung an sie herantragen.

Denn Martin überlegt in der Situation weder „Was ist für mich am besten?" noch „Was ist für Elvira am besten?". Sondern er fragt sich: „Wie würde ein ideales Mitglied meiner Gruppe – also der Kirchengemeinde – in dieser Situation handeln?" Und Martin geht davon aus, dass ein ehrenwertes Mitglied einer Kirchengemeinde ausschließlich unbezahlte Hilfe anbietet.

So geht es uns auch mit der Selbstverwirklichung: Achten Sie einmal darauf und Sie werden sich oft dabei ertappen, wie Sie existenzielle Lebensentscheidungen an Ihrer Gruppenidentität ausrichten.

Hauptsache, Sie verwirklichen sich selbst.

Jetzt erst recht: Ihr könnt mich mal gern haben!

Liebe Leserinnen, liebe Leser – haben Sie Ihr Popcorn aufgegessen? Wie hat Ihnen der Blick auf den absurden Zirkus gefallen, den wir täglich aufführen? Haben Sie manchmal geschmunzelt, manchmal aber auch Ihr eigenes Leben, Ihre eigene Umwelt wiedererkannt? Haben Sie sich ein Bild davon gemacht, wer alles an Ihnen zerrt, etwas von Ihnen will, etwas von Ihnen erwartet? Möchten Sie nicht mehr mitspielen in diesem absurden Zirkus? Möchten Sie all den Menschen, die Ihr Leben bestimmen, zurufen: „Ihr könnt mich mal gern haben!"?

Möchten Sie endlich *Ihr* Leben leben?

Dann lesen Sie weiter.

MÖCHTEN SIE ENDLICH *IHR* LEBEN LEBEN?

Sei du selbst, sonst bist du gar nichts
Der absurde Selbstverwirklichungszwang

Teil 2:
Wie Sie das Hamsterrad zum Engelskreis machen

Der Zwang zur Zwang- losigkeit

ACHT

Nun laden wir Sie, liebe Leserinnen und Leser, sehr herzlich ein: zu einer Reise von dieser gemeinsamen, „zwanghaften" Welt in Ihre ganz eigene. Die Sie zufrieden und glücklich macht. Jetzt geht es wirklich um *Ihr Leben*!

In diesem zweiten Teil unseres Buches haben wir für Sie ein hocheffektives Programm zusammengestellt. Es bewährt sich in unserer Praxis seit vielen Jahren immer und immer wieder aufs Neue. Rüsten Sie sich für dieses Programm mit einer Handvoll Materialien: großen Blättern, Kartei- oder Moderationskarten in verschiedenen Formen, Farben und Größen und ein paar verschiedenfarbigen, dicken Stiften. Wir haben eine spezielle Anleitung zum Selbstcoaching entwickelt, mit der Sie Ihr Leben transformieren können. Sie können sich von den Zwängen lösen.

Sie können in Freiheit *leben*.

Damit schlagen wir ein ganz neues Kapitel auf.

SIE KÖNNEN IN FREIHEIT *LEBEN*.

Ratschläge sind auch Schläge

Wir wollen nicht verkürzen, verurteilen, verteufeln. Wer, bitte, kann sich schon anmaßen zu wissen, was gut für den anderen ist? Das ist die typische Ratgeberfalle; und darum sind viele Ratgeber einfach nur für die Tonne. Nicht umsonst heißt es: Auch Ratschläge sind Schläge! Meistens kommen sie zwar hoch motiviert daher und haben nur die edelsten Absichten. Leider gibt es diesen kleinen, aber feinen Unterschied zwischen Absicht und Wirkung:

ETWAS KANN GUT GEMEINT SEIN – UND GLEICHZEITIG GROSSEN SCHADEN ANRICHTEN.

Etwas kann gut gemeint sein – und gleichzeitig großen Schaden anrichten. Diese banal anmutende und zugleich an Bedeutsamkeit nicht zu überschätzende Erkenntnis wird im Alltag eher selten beachtet. Zum Beispiel wenn wir unserer besten Freundin Tipps bei Beziehungsproblemen oder Jobstress geben. Diese Tipps mögen uns selbst spitzenmäßig geholfen haben. Sie nützen unserer besten Freundin aber gar nichts. Weil sie einfach ein anderer Mensch und anders gestrickt ist als wir.

In der Psychologie nennen wir das einen klassischen Fall von „Projektion": Wir projizieren munter unsere Gedanken, Lebensweisen und Lösungen auf unsere Mitmenschen. Nur, damit wir uns richtig verstehen: Wir verurteilen dieses Verhalten nicht. Wir wissen einfach meistens nicht, wie wir alternativ reagieren können, und wollen unbedingt etwas Gutes tun. Das ist sehr menschlich und zeugt von Wärme!

Weil es aber trotzdem nicht hilft, wollte dieses Buch kein klassischer Ratgeber werden.

Wir nennen die Dinge beim Namen. Und Ihre Meinung bilden *Sie sich selbst.*

Bitte verstehen Sie deshalb unsere Ausführungen stets als Anregungen, als Angebote, die Sie immer kritisch prüfen können. Um dann frei zu entscheiden, was für Sie passt.

WIR SIND DIE EXPERTEN FÜR DIE STRUKTUR. SIE SIND DIE EXPERTIN, DER EXPERTE FÜR IHR EIGENES LEBEN.

Wir sind die Experten für die Struktur. Sie sind die Expertin, der Experte für Ihr eigenes Leben.

Wir begleiten Sie durch Ihren Selbsterforschungs- und -erkenntnisprozess. Sie sind zuständig für die Inhalte, für Ihren subjektiven Lebensraum, Ihre Konstruktion von Glücklichsein. Gemeinsam arbeiten wir hier auf Augenhöhe. Für Ihr Mehr.

Wir haben ja ausführlich über die Zwänge auf allen Ebenen gesprochen: Leistung, Stress, Sinnstiftung, Perfektion, Balance und Selbstverwirklichung. Wir haben nachgewiesen: Die Zwänge preschen klammheimlich und umso massiver von der Arbeitswelt in unsere Freizeitwelt hinein. Halten wir an dieser Stelle also fest, dass die meisten von uns ihr Leben in diese zwei Bereiche gliedern: Work und Life, Arbeit und Freizeit. Sie werden uns jedenfalls von außen so auferlegt. Und da wir, das offenbart die Analyse der vorangegangenen Kapitel, in beiden Bereichen *gezwungen* sind, jeweils über 100 Prozent zu geben, sieht es unterm Strich dann so aus:

$$
\begin{aligned}
100\,\% \ &(\text{Work}) \\
+\ 100\,\% \ &(\text{Life}) \\
\hline
=\ 200\,\%
\end{aligned}
$$

Zum Glück gibt es ja die Balance, die es wieder richtet! Nur: Da wir die Balance inzwischen als zusätzlichen Zwangsfaktor enttarnt haben, können wir dieses Bild nicht mehr aufrechterhalten. Wir müssen der Realität ins Auge sehen. Die sieht dann nämlich sogar so aus:

$$
\begin{aligned}
100\,\% \ &(\text{Work}) \\
+\ 100\,\% \ &(\text{Life}) \\
+\ 100\,\% \ &(\text{Balance}) \\
\hline
=\ 300\,\%
\end{aligned}
$$

Was für ein Druck! Es entstehen handfeste Konflikte: innere und äußere Konflikte, die sich gegenseitig bedingen und verschärfen!

Aber da alles im Leben immer auch eine Schokoladenseite hat, wollen wir auch die angenehmen Aspekte, den Nutzen und die Vorteile unseres Dilemmas, mit Ihnen teilen.

Merci, dass es dich gibt.
Die Schokoladenseite unseres Dilemmas

Wie kommt es, dass wir – wider besseres Wissen – an unseren Zwängen und Konflikten festhalten? Obwohl unser Verstand und unser Gefühl sich ausnahmsweise einmal einig sind und uns sagen: Das tut uns nicht gut?

Weil wir durch das Festhalten an Zwängen und Konflikten Sicherheit erfahren.

WIR ERFAHREN DURCH DAS FESTHALTEN AN ZWÄNGEN UND KONFLIKTEN SICHERHEIT.

Wie wir bereits feststellen durften, ist unsere momentane Lebenssituation das Ergebnis einer mehrjährigen und „zwanghaften" Entwicklung. All die Zwänge haben unser Leben überformt, sich tief in uns eingebrannt und rufen nun innere und äußere Konflikte hervor. Stichwort „mehr als 300 Prozent". Schließlich können wir inzwischen nicht mehr all die Dinge gleichzeitig umsetzen und leben, die von außen gefordert werden, die „man" heutzutage so tut. Und die uns inzwischen in Fleisch und Blut übergegangen sind. Was so einerseits lästig und schmerzlich ist, bildet andererseits ein schönes Grundgerüst im Leben, das uns eine Kontrollillusion beschert. Diese ist eng verwandt mit den bereits besprochenen glücklich machenden Selbstwirksamkeitserfahrungen. Gestatten Sie uns in diesem Zusammenhang ein paar existenzialistische Ausführungen.

In unserem tiefsten Inneren wissen wir es: Wenn wir ganz, ganz aufrichtig zu uns selbst sind, dann müssen wir feststellen, dass wir – verglichen mit dem übrigen Weltgeschehen – doch nur sehr kleine „Lichter" sind, die wie die Blätter im Wind hin- und hergefegt werden.

Natürlich *glauben* wir zu wissen, was morgen oder übermorgen geschieht, wie unser Leben in fünf oder 50 Jahren aussieht. Und dennoch machen wir uns etwas vor, wenn wir so tun, als hätten wir alles selbst in der Hand. Denn: Ob wir morgen im Lotto gewinnen oder erkranken – das können wir beim besten Willen nicht kontrollieren. Selbstverständlich können wir Lotto spielen oder uns gesund ernähren und damit die Wahrscheinlichkeit für das Eintreten bestimmter Lebensumstände begünstigen oder verringern. Aber: Am Ende bleibt es doch einer höheren Macht, dem Schicksal, dem Zufall – nennen Sie es, wie Sie wollen – überlassen, zu schalten, zu walten oder zu richten.

Wir wollen Sie durch diese Ausführungen für bestimmte Tendenzen sensibilisieren, die sich bei und in Ihnen einstellen können. Denn es gibt da noch einen mächtigen hausinternen Gegenspieler: unser ureigenes Unterbewusstsein.

Wenn wir das Thema Zwang/Konflikt bewusst und aktiv angehen, dann stellt sich unser Unterbewusstsein manchmal quer. Aus Angst, eine lieb gewonnene Struktur zu verlieren. Denn obwohl im Leben alles unkalkulier- und kaum kontrollierbar ist, so gibt es doch eine große, große Konstante, ein alles aufrechterhaltendes Lebensgerüst: Zwänge, innere und äußere Konflikte – wann, wo, wie, mit wem auch immer. Wenn wir im Grunde nichts wissen, so wissen wir dank dieser Zwänge und Konflikte doch immer und haargenau, was richtig ist oder falsch, was man tut oder lässt, wer wann was verbockt hat, welche Probleme uns sicher sind, was wir auf keinen Fall wollen, was zum Verrecken immer so bleiben wird und so weiter.

Wir können dankbar dafür sein, dass bislang alles so war, wie es war. Zwar nicht immer angenehm. Aber immerhin hatten wir dadurch eine gewisse Sicherheit, den Eindruck von Kontrolle und (vermeintliche) Selbstwirksamkeitserfahrungen.

Wie wir selbst wirksam werden – und unserem Unterbewusstsein ein Schnippchen schlagen

Ihr Unterbewusstsein wird vermutlich auf Abwehr schalten und einen Widerstand aufbauen, sobald es mitbekommt, dass wir dabei sind, kreative und konstruktive Lebenslösungen anzubahnen.

Ertappen Sie sich zum Beispiel während der Lektüre dieses Buches dann und wann bei Gedanken wie „Na, ob *die* Methode bei mir überhaupt funktioniert – bei mir ist doch alles *ganz* anders als beschrieben?", „So schlimm ist es jetzt bei mir auch nun wieder nicht ..." oder „Ach, langatmig alles, ich verliere hier nur Zeit, die ich besser in mein Leben investiere"? Dann haben Sie damit möglicherweise einen Indikator für Abwehr und Widerstand identifiziert.

Eine solche Tendenz ist ganz normal. Sie resultiert aus der (auch unterbewussten) Angst, eine Sicherheit spendende Lebensstruktur zu verlieren. Wenn Sie derartige Neigungen in sich aufziehen spüren, dann denken Sie stets an dieses Kapitel zurück und gehen immer ein Stück weit über Ihren eigenen Widerstand hinweg. Denn:

WO DER WIDERSTAND IST, IST DER WEG!

Wo der Widerstand ist, ist der Weg!

Er ist zum einen dieser wohlmeinende Schutzmechanismus, der uns Sicherheit suggeriert und gleichzeitig Trugbilder schafft. Das kann krassen Schaden anrichten, weil wir dann Gefahr laufen, in unserer Sackgasse stecken zu bleiben, weil wir uns eben schon ganz kommod eingerichtet haben.

Ergo: „Kampf" dem Gegenspieler. Damit es nicht noch schlimmer kommt.

Was muss denn passieren, damit alles noch schlimmer kommt?

Wir haben gut reden: Konfrontieren Sie mit Zwängen und Konflikten, verhackstücken Ihr Unterbewusstsein, säuseln dann was von Abwehr und haben so en passant den großartigen psychologischen Ratschlag parat, „immer ein Stück weit über Ihren eigenen Widerstand hinweg" zu gehen.

Aber ernsthaft: Das ist natürlich alles viel leichter gesagt als getan. Deshalb wollen wir Sie auch intensiv begleiten. Zwei Übungen legen wir Ihnen zur Einstimmung auf den Wandlungsprozess sehr ans Herz.

Das Worst-Case-Szenario

Bitte halten Sie etwas zum Schreiben bereit. Setzen Sie sich bequem und entspannt hin.

Schließen Sie Ihre Augen und denken Sie über Ihre aktuelle Lebenssituation nach. Wer sind Sie? Was machen Sie? Wo stehen Sie? Wer oder was spielt aktuell eine Rolle? Wandern Sie innerlich durch alle belasteten und problematischen Lebensbereiche, die privaten, die beruflichen. Scannen Sie alles, was im Moment relevant für Sie ist.

Und jetzt fragen Sie sich: Wenn sich nichts in Ihrem Leben, an Ihren derzeitigen Umständen ändert – wie geht es dann für Sie weiter? Was wäre das Schlimmste, das passieren könnte?

Bitte beantworten Sie diese Frage schriftlich, machen Sie sich ein paar Stichpunkte zu dieser Zukunftsvision, immer unter der Maßgabe, dass Sie nicht intervenieren, dass alles Schwierige sich einfach so fortsetzt.

Wenn Sie das alles schriftlich fixiert haben, dann setzen Sie sich für einen Moment still vor Ihre Notizen und lesen Sie sie noch einmal durch. Fragen Sie sich: „Will ich, dass es so weit kommt?"

Wenn Sie diese Frage zu 100 Prozent bejahen können, dann können Sie sofort dieses Buch zurück ins Regal stellen. Oder es verschenken. Wenn Sie die Frage auch nur ein bisschen verneinen können, dann schieben Sie gleich die nächste hinterher: „Will ich es dann wenigstens probieren, an mir und meiner Situation zu arbeiten – auch wenn das nicht immer unbedingt einfach wird?"

Denken Sie an den „Preisvergleich". Welcher Preis ist höher: Alles weiterlaufen, gegen die Wand fahren zu lassen – oder einen gezielten Prozess mit der Aussicht auf nachhaltigen Erfolg anleiern?

Alles wird gut! Warum positives Denken wirklich wirkt

Mit dem obigen Worst-Case-Szenario haben wir ein gutes Mittel, um gezielt und bewusst unliebsame Unkenrufe unseres Unterbewusstseins zu kontern. Wenn während der weiteren Lektüre Abwehr in Ihnen aufkeimt, dann nehmen Sie Ihren Worst Case zur Hand. Stellen Sie Ihrem Unterbewusstsein in Aussicht, dass sich der Einsatz lohnt. Aber unser Unterbewusstsein wäre nicht unser Unterbewusstsein, wäre es nicht unterbewusst. Deswegen folgt jetzt der zweite Streich: Besonders empfänglich ist es für „Ansprache" auf derselben Frequenz, für unterbewusste Programmierung, sogenannte Affirmationen.

Affirmationen

Keine Sorge, wir driften jetzt nicht in esoterische Sphären ab. Eine Affirmation ist eine besondere Form der Bekräftigung. Dieses Mittel wird schon seit vielen Jahrtausenden in allen Kulturen angewandt, jeweils unter verschiedenen Bezeichnungen: Gebet, Mantra, positives Denken, innere Haltung... Es handelt sich um eine knackige und positiv gehaltene Aussage, die *Ihren Zielzustand* abbildet. Gleichzeitig verlagern wir diesen erwünschten Zukunftszustand in die Gegenwart, indem wir die Affirmation im Indikativ formulieren. Die folgenden Affirmationen sind lediglich Beispiele:

- „Ich bin mit mir und der Welt im Reinen!"
- „Ich genieße mein Leben in vollen Zügen!"
- „Ich bin glücklich!"

Es ist wichtig, dass Sie die für *sich* treffende Aussage finden. Sie können ein paar Möglichkeiten ins Rennen schicken, sie ausprobieren und auf sich wirken lassen. Entscheiden Sie sich nach einer gewissen Zeit und bleiben Sie dann bei Ihrer Affirmation. Wiederholen Sie Ihre Affirmation so oft wie möglich, am besten im Dämmerzustand während des Einschlafens, zu diesem Zeitpunkt ist unser Unterbewusstsein am empfänglichsten.

Nur nochmals zu Ihrer Beruhigung: Es geht nicht darum, dass wir den Kosmos gnädig stimmen und im Universum eine wonnige Bestellung aufgeben. Wir stimmen schlicht unser Unterbewusstsein auf den Wandlungsprozess ein. Insbesondere gegen Ende unseres gemeinsamen Prozesses, wenn es um kreative und innovative Lösungen geht, sind wir stark auf die Mitarbeit unseres Unterbewusstseins angewiesen. Dort nämlich sind bereits viele Ideen und Handlungsoptionen eingelagert, die sich derzeit noch Ihrem bewussten Zugriff entziehen.

Warum Dienst auch Schnaps sein kann

Die Entwicklung der Arbeit – von der Vertreibung aus dem Paradies bis hin zu ihrer heutigen Überhöhung – haben wir bereits nachvollzogen. Ungeklärt ist bislang die Frage, wieso die künstliche Trennung der Lebensbereiche für uns eigentlich so schädlich ist. Hier bereitet weniger die Trennung an sich die Schwierigkeit als vielmehr unser eigenes Denken. Machen wir dazu einen Test:

Und – wie ist es Ihnen ergangen? Was haben Sie gefühlt? Gedacht?

Die Gedanken sind frei – und machen uns unfrei

Den meisten von uns fällt die absolute Konzentration auf die Gegenwart gar nicht so leicht. In der Regel stellt sich bereits nach wenigen Sekunden Unruhe ein. Fragen tauchen auf. Fragen wie zum Beispiel „Wann sind denn die drei Minuten vorbei?", „Was gibt es nachher eigentlich zu essen?", „Wo hatte ich noch gleich die Unterlagen für morgen hinterlegt?", „Wie war der Plan fürs nächste Wochenende?" Unsere Gedanken sind überall – nur nicht da, wo sie für diesen winzigen Moment sein sollen: nämlich in diesem Moment selbst.

Wir leben entweder in der Vergangenheit, dann belastet uns, was schlecht gelaufen ist. Oder wir leben in der Zukunft, dann belastet uns, was schlecht laufen wird.

Wir leben jedoch nie in der Gegenwart – obwohl sie das Einzige ist, was wir *wirklich* haben.

WIR LEBEN NIE IN DER GEGENWART – OBWOHL SIE DAS EINZIGE IST, WAS WIR *WIRKLICH* HABEN.

Die Vergangenheit ist vorbei. Die Zukunft noch nicht gekommen. Leben Sie! Jetzt!

Was hat das jetzt mit der Trennung unserer Lebensbereiche zu tun?

Ganz einfach: Wenn wir arbeiten, dann sind wir in Gedanken schon in unserer Freizeit. Das trennt uns von unserer Arbeit. Der Körper arbeitet, der Geist schweift. Wir fühlen uns schlecht. Wenn wir dann endlich Freizeit haben, sind wir in Gedanken schon wieder bei unserer Arbeit. Sie schwebt dann wie ein Damoklesschwert über unserer Freizeit, das trennt uns von ihr. Wir fühlen uns schlecht. Wo auch immer wir sind, was auch immer wir gerade machen: Wir sind nie ganz da. Wir lassen uns nie ganz ein. Wir leben in Gedanken stets über den jeweiligen Moment hinaus. Diese Spaltung ist hochgradig ungesund. Die mangelnde Identifikation mit dem, was wir gerade machen, schürt unser Unglücklichsein. Denn in dem jeweiligen Lebensmoment haben wir ja nie das, woran wir gerade denken.

Wie alle anderen profitieren – während wir uns in der Perfektion verheddern

Weil sich die Zwänge aus der Arbeitswelt inzwischen auch in unser Privatleben eingenistet haben, findet vordergründig eine Wiedervereinigung der Bereiche „Work" und „Life" statt. Eigentlich eine zu begrüßende Tendenz, denn damit wäre das obige Gedankenproblem gelöst. Leider jedoch nur „eigentlich", denn es ist keine Wiedervereinigung im Sinne von wechselseitiger Entlastung und Befruchtung. Vielmehr ist jeder Bereich für sich inzwischen mutiert, Sie erinnern sich:

$$100\,\% \text{ (Work)}$$
$$+\ 100\,\% \text{ (Life)}$$
$$+\ 100\,\% \text{ (Balance)}$$
$$=\ 300\,\%$$

Dieser 300-prozentige Druck ist für niemanden von uns – vorsichtig formuliert – schön. Andere hingegen profitieren fleißig davon, zum

Beispiel boomende Bildungsanbieter wie Nachhilfeinstitute und Privatschulen, eine wuchernde Lebenshilfe-Industrie mit Ratgeberliteratur und Coaches für jeden Anlass, Unternehmen, für die wir in Ausbildung, Studium und Beruf das Letzte geben, ganze Lifestyle-Branchen, die vom Zwang zum Besonderen leben.

Wenn Sie genauer wissen möchten, wer in welcher Form von diesem Perfektionszwang profitiert, finden Sie wertvolle Hinweise unter anderem in Klaus Werles Buch *Die Perfektionierer*. Wir konzentrieren uns jetzt auf uns selbst.

NEUN

Wie unsere innere Zerrissenheit uns kaputt- macht

„Ist das jetzt richtig oder falsch?", „Tue ich dies, dann kann ich jenes nicht mehr tun", „Das macht *man* aber so und nicht so!" – das sind die gängigen Gedanken, die gängigen Ansagen hinter den Zwängen, die auf uns einwirken. Sie machen uns kaputt. Und doch behaupten wir:

Konflikt ist geil!

Konflikte vermitteln uns nicht nur Sicherheit. Wir gehen sogar noch einen Schritt weiter und sagen Ihnen:

Konflikte sind das Beste, was uns passieren kann!

Wir beweisen es Ihnen.

Natürlich gibt es – wie in jeder Wissenschaft – unzählige Definitionen von „Konflikt". In der Praxis hat sich folgender Ansatz bewährt:

KONFLIKTE SIND DAS BESTE, WAS UNS PASSIEREN KANN!

Konflikt ist ein Zustand in einem System, in dem unterschiedliche Zielvorstellungen vorliegen, wobei das Erreichen des einen Zieles das gleichzeitige Erreichen des anderen Zieles ausschließt.

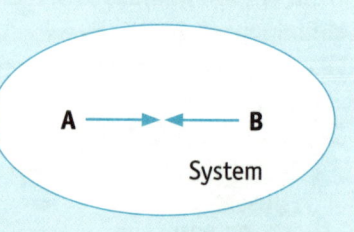

Was uns Angst macht, was uns verzweifeln lässt, was uns wehtut, lässt sich auf diese einfache Formel bringen, ja, in diesem einen Satz abbilden.

Gehen wir ins Detail: Ein System kann alles Mögliche sein, unsere Familie, die Firma, unsere Partnerschaft, der Kindergarten unserer Kleinen. Dazu ein Beispiel:

Äußerer Konflikt

Jürgen möchte abends im Wohnzimmer laut fernsehen, Ariane möchte dort still ein Buch lesen. Das System ist die Partnerschaft im Wohnzimmer, die unterschiedlichen Ziele sind „laut fernsehen" versus „still lesen", die nicht gleichzeitig umgesetzt werden können.

Wir Menschen bilden ebenfalls ein System, jeder für sich, wenn wir uns in bestimmten Situationen oder zu bestimmten Themen als „gespalten" erleben, wenn wir mehrere Seelen in unserer Brust haben.

Innerer Konflikt

Der „Spaßminister" in Ihnen möchte Schokolade essen, und der „Gesundheitsapostel" in Ihnen möchte abnehmen. System sind Sie mit Ihren unterschiedlichen Seelen in sich, Ziele sind „Schokolade essen" versus „abnehmen", die nicht gleichzeitig umgesetzt werden können.

Worin besteht nun das Problem? Was macht das Ganze so schlimm? Schlimm wird in der Regel erst der weitere Verlauf, wie die Ziele ziehen und zerren und wie der Konflikt ausgetragen wird.

Der Konflikt *selbst* ist völlig harmlos. Es handelt sich lediglich um einen dynamischen Spannungszustand. Nicht mehr und nicht weniger.

> **UNSERE ANGST VOR KONFLIKTEN RESULTIERT DARAUS, DASS UNSER ALLTAGSBEWUSSTSEIN „KONFLIKT" MIT „STREIT" GLEICHSETZT.**

Unsere Angst vor Konflikten resultiert daraus, dass unser Alltagsbewusstsein dummerweise „Konflikt" mit „Streit" gleichsetzt. Streit allerdings ist die eskalierte Form von Konflikt, und damit alleine schon sprachlich sehr negativ besetzt. Der berühmte Konfliktforscher Friedrich Glasl unterscheidet neun Stufen der Konflikteskalation; sie reichen von „Verhärtung" bis zu „Gemeinsam in den Abgrund".

Doch so weit muss es erst einmal kommen. Zunächst einmal halten wir fest: Konflikt an sich ist neutral. Nicht nur das: Über das Neutrale hinaus kann er sogar sehr positiv sein. Denn was bewirken Spannung und Dynamik? Bewegung, Veränderung und Entwicklung, sie sind der Motor für Evolution und Revolution.

Die Erfahrung zeigt, dass innere und äußere Konflikte immer zusammenwirken. Innere Konflikte bewirken ambivalentes Verhalten und sorgen für Krach im Außen, also mit unseren Mitmenschen. Äußere Konflikte wiederum zerreißen uns gerne innerlich, wir können uns nicht entscheiden und haben das Gefühl, auf mehreren Stühlen gleichzeitig zu sitzen.

In diesem Buch geht es im Wesentlichen um die Arbeit an unseren inneren Konflikten, auch wenn sich Innen und Außen nie ganz trennen lassen. Grob formuliert funktioniert der in unserer Praxis hoch bewährte Ansatz so: Wir kommen ins Reine mit uns selbst – dadurch lösen wir auch die äußeren Konflikte. Meistens sogar kommen sie dann erst gar nicht auf, geschweige denn eskalieren.

Dazu gehen wir jetzt der Frage auf den Grund, wie wir unsere Konflikte austragen.

Nach dem Sturm ist vor dem Sturm …
Warum Konflikte unser täglich Brot sind

Lassen Sie uns zur Veranschaulichung das obige Wohnzimmer-Beispiel eines äußeren Konflikts aufdröseln. Normalerweise sammeln wir in solchen Situationen jeweils gute Argumente für unseren Standpunkt, unser Ziel: „Du hängst immer nur rum und drehst die Glotze auf", „Das Wohnzimmer gehört mir genauso" oder „Du hast mir aber vor drei Jahren versprochen, dass ich heute das Autorennen gucken darf". Damit liefern wir uns dann einen stürmischen Schlagabtausch, und am Ende gewinnt die eine Seite, die andere verliert. Der Abend ist jedenfalls im Eimer, und auf beiden Seiten bleibt ein schales Gefühl zurück. So viel zunächst zur „normalen" Lösung, zur Alltagskonfliktlösung.

Wie aber kann der Konflikt ein Antrieb für Entwicklung werden? Schauen wir uns die vier Ebenen eines Konflikts an:

1. Position – leitet sich aus der Zielvorstellung ab,
2. Bedürfnis – betrifft das Dahinterliegende,
3. Motivation – ist historisch geprägt und
4. Werte – sind eng mit der Persönlichkeit verbundene Glaubenssätze.

Wenn wir unseren Wohnzimmer-Konflikt in diese vier Ebenen gliedern, dann tritt Überraschendes zutage:

	Jürgen	Ariane
Position	Fernsehen	Lesen
Bedürfnis	Entspannung	Entspannung
Motivation	Ich habe einen anstrengenden Tag hinter mir.	Ich habe eine anstrengende Woche vor mir.
Wert	Daheim bin ich König.	Trautes Heim, Glück allein.

Na, was fällt Ihnen auf? Genau: Sobald wir die konkrete Ebene der Position verlassen und die Hintergründe durchleuchten, dann ergeben sich viele Schnittmengen. In vielen Fällen sind die tiefer liegenden Ebenen sogar deckungsgleich. Stellen Sie sich einen Eisberg vor: Sind wir im Konflikt, dann streiten wir meistens auf der Ebene der Position herum, der Spitze. Und finden auf Biegen und Brechen keine Lösung, denn unsere Argumente kreisen und kreisen ja an der Oberfläche.

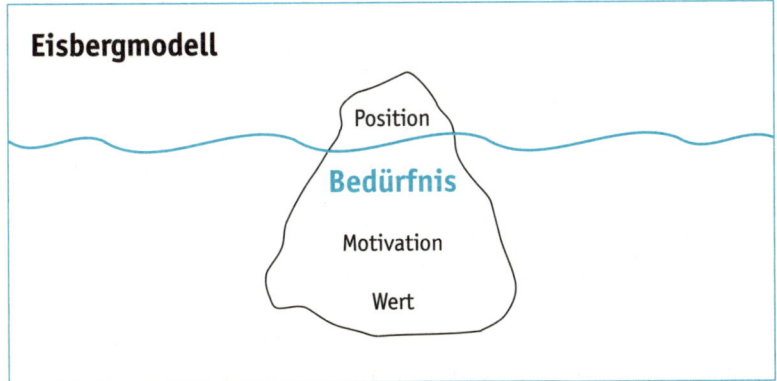

Eisbergmodell

Position

Bedürfnis

Motivation

Wert

Das Eisbergmodell findet übrigens auch in der Mediation, also bei der Vermittlung in Konflikten, Anwendung: Die Konfliktparteien lernen die Hintergründe des jeweils anderen kennen und *er*kennen, dass es viel mehr Gemeinsamkeiten gibt, als zunächst angenommen. Dieses mediative, also vermittelnde Prinzip bildet im Folgenden auch die Basis unserer Zusammenarbeit, liebe Leserinnen und Leser, denn auch wir wollen ja die inneren und äußeren Konflikte maximal nutzbar machen.

Zurück zum Wohnzimmer-Konflikt: Ariane und Jürgen erkennen, dass sie im Prinzip nur ein Ziel verfolgen und damit in einem Boot sitzen. Das fördert ihre Bereitschaft, die jeweiligen Positionen zu verlassen und *gemeinsam* eine Lösung zu suchen. Unter Berücksichtigung ihrer jeweiligen Bedürfnisse, Motivationen und Werte einigen sie sich auf folgende Abendgestaltung: Jürgen sieht mit Kopfhörern fern. Ariane legt sich mit ihrem Buch zu ihm auf die Couch und erhält eine entspannende Fußmassage. Mit dieser Lösung sind beide sehr zufrieden. Viel zufriedener übrigens als mit der jeweiligen Ursprungsidee, alleine im Wohnzimmer zu hocken. Der Konflikt, der zunächst unangenehm war, konnte durch Arianes und Jürgens *bedürfnisorientierte* Vorgehensweise aufgelöst werden. Der dynamische Spannungszustand hat sie im Sinne von Bewegung, Veränderung und Entwicklung weiter gebracht, als die beiden ohne ihn gekommen wären.

Diese Situation heißt eben deshalb „Win-Win", weil es am Ende nur Gewinner gibt. Ein Klassiker zur Verdeutlichung ist das sogenannte Orangenbeispiel:

Zwei Schwestern streiten sich um eine Orange, am Ende einigen sie sich und jede der beiden bekommt eine Hälfte. So weit, so gut. Wären die Schwestern jedoch auf die Bedürfnisebene gekommen, hätten sie festgestellt: Die eine möchte einen Kuchen backen und benötigt die Schale, die andere möchte einen Saft pressen und benötigt das Fruchtfleisch. Das ist Win-Win. Beide hätten jeweils 100 Prozent bekommen! Das ist in den meisten Fällen möglich, und dieses Prinzip ist auch unser Ansatz.

Wir arbeiten im Folgenden gemeinsam daran, wie Sie Ihr Maximum rausschlagen. Aus sich selbst, aus Ihrem Leben. Ohne sich unter mehrhundertprozentigen Zwang zu setzen. Denn von diesem qualvollen Thema haben wir uns ja mit dem ersten Teil dieses Buches ein für alle Mal verabschiedet.

Auch unsere inneren Konflikte können wir mithilfe der vier Konfliktebenen einer Win-Win-Lösung zuführen – knöpfen wir uns den Schokoladen-Konflikt vor:

	Spaßminister	Gesundheitsapostel
Position	Schokolade	Abnehmen
Bedürfnis	Wohlfühlen	Wohlfühlen
Motivation	Die letzten Wochen waren stressig.	Die letzten Wochen waren stressig.
Wert	Ein gesunder Geist in einem bespaßten Körper.	Ein gesunder Geist in einem gesunden Körper.

Eine mögliche Lösung Ihres inneren Konflikts kann dann zum Beispiel darin bestehen, dass Sie sich einen leckeren Schokoladentee aufgießen. So bekommt der Spaßminister seinen Nachtischgeschmack, der Gesundheitsapostel seine Kalorienarmut serviert. Win-Win.

Diese Einführung zum Thema „Konflikt" macht Sie mit den Grundsätzen *unserer* Arbeit vertraut. In den nächsten Kapiteln tauchen wir dann tiefer in *Ihre* Lebenswirklichkeit ein. Wir arbeiten daran, wie Sie Ihr Leben gestalten können, wie Sie Ihre Bedürfnisse maximal befriedigen und dauerhaft zufrieden und sogar glücklich werden.

Überleitend laden wir Sie zu einem kleinen Gedankenexperiment ein:

Konflikte sind unser täglich Brot

Erinnern Sie sich an einen Konflikt, der circa 10 bis 15 Jahre zurückliegt. Wählen Sie etwas Privates oder Berufliches, bei dem Ihnen jetzt beim Erinnern wieder die starken Gefühle von damals hochkommen. Natürlich ohne Sie „retraumatisieren" zu wollen, bitten wir Sie jetzt, sich noch einmal tief auf diese Gefühle, zum Beispiel das Unwohlsein, die Angst, den Schmerz, einzulassen. Es ist wichtig, dass wir unsere Gefühle – und seien sie auch noch so negativ – ernst nehmen und als Teil unserer Historie würdigen. Denn die Dinge waren, wie sie waren, und wir können die Zeit – leider – nicht zurückdrehen.

Nehmen Sie jetzt einen Zettel und einen Stift zur Hand und sammeln Sie ganz spontan und ohne darüber nachzudenken all die Vorteile und die positiven Dinge, die sich *nachträglich* aus dem damaligen Konflikt ergeben haben. Listen Sie all das auf, was Sie ohne diesen Konflikt heute nicht hätten: bestimmte Erlebnisse, Kontakte, Lebensumstände oder auch gewisse Erkenntnisse.

So berichtete uns einst ein Klient von einem Zeit und Nerven raubenden Konflikt mit seiner Vermieterin. Dieser führte aber letztlich dazu, dass er eine viel besser gelegene, viel schönere und sogar noch etwas günstigere Wohnung fand. Im Nachhinein hat sich für ihn der Konflikt „gelohnt" – denn ohne diesen konkreten Anlass hätte er sich gar nicht erst auf dem Wohnungsmarkt umgesehen.

Erkennen Sie an, dass Ihr Konflikt einerseits unangenehm und schmerzhaft war. Und dass er Sie andererseits vorangebracht hat, sich rückblickend als Chance erwies.

Sie sehen und spüren es am eigenen Leib: Konflikte sind unser täglich Brot. Sie sind nahrhaft, versorgen uns mit dem, was wir zum Überleben und zum Leben brauchen.

KONFLIKTE SIND UNSER TÄGLICH BROT. SIE VERSORGEN UNS MIT DEM, WAS WIR ZUM ÜBERLEBEN BRAUCHEN.

Sie können uns einen Kick geben, einen Tritt, der uns in die richtige Richtung bugsieren kann. Wenn wir bereit sind, die neuen Sichtweisen zuzulassen und die sich daraus ableitenden Chancen zu ergreifen.

Damit sind wir jetzt eingestimmt auf das Kommende, das Große, das Sie verändern und Ihre Lebensqualität verbessern wird.

Machen wir uns auf den Weg.

Ich denke, also stehe ich mir selbst im Weg

Bevor wir noch tiefer in die tiefsten Tiefen unseres tiefschürfenden Daseins abtauchen, bieten wir Ihnen ein paar Gedanken für unseren gemeinsamen Weg an. Sie können sie an der einen oder anderen Stelle dazu nutzen, den Dingen, die da sind, mit größerer Gelassenheit zu begegnen.

Von morgens früh bis abends spät, ja selbst im Traum sind wir damit beschäftigt, unser Leben zu sortieren, zu kategorisieren. In gut oder böse, richtig oder falsch, angenehm oder unangenehm. Das Leid, das wir dabei empfinden, ist gar nicht an die Umstände, unsere Mitmenschen oder die Ereignisse geknüpft. Unser Leid resultiert einzig und allein aus unseren bewertenden, verurteilenden Gedanken. Dazu ein Beispiel aus unserer Coachingpraxis:

Wir haben eine Klientin, Mitte 50, eine attraktive Frau in einer Führungsposition. Sie kommt zu uns, weil sie merkt, dass sie Wünsche und Sehnsüchte in sich trägt, die sie stärker ausleben möchte. Sie ist eine reflektierte Person, hat einen guten Zugang zu ihren Gefühlen – wir arbeiten auf hohem Niveau. Innerhalb kurzer Zeit vollzieht sie eine Wende, arrangiert sich und ihr Leben anders und neu, durchlebt dadurch ein emotionales Hoch.

Wenige Wochen später wird bei einer Routineuntersuchung zufällig festgestellt, dass sie bereits seit Monaten an einer grenzwertigen Gewebeveränderung „leiden" muss. Sie ist schockiert. Aber wieso „leiden" in Anführungszeichen? Weil sie bis zum Zeitpunkt der Diagnose keinen Moment leidet. Sie hat keine Beschwerden, keine Schmerzen – nichts. Noch eine Sekunde vor der Diagnose geht es ihr hervorragend. Eine Sekunde später jedoch bricht für sie die Welt komplett zusammen.

Natürlich ist die Reaktion unserer Klientin völlig menschlich. Gerade entdeckt sie ihr Leben neu, schmiedet Pläne, blüht förmlich auf. Und dann dieser Schicksalsschlag.

Dieses Beispiel zeigt, welche Macht unser Denken hat. Dass die Sache an sich, in diesem Fall die Gewebeveränderung, keinen direkten Schaden oder Schmerz anrichtet, jedenfalls bis zu einem gewissen Grad nicht. Sie ist einfach „nur" da. Vielleicht viele Monate lang. Unentdeckt. Den Schmerz bringt erst unser Denken mit sich, die Einordnung, Kategorisierung und Verurteilung der Sache als böse, schlecht und gefährlich.

Weitere Wochen und ausführlichere Diagnostik später zeigt sich: Die Gewebeveränderung ist gutartig. Fehlalarm – Glück gehabt! Damit wird die Absurdität unseres Denkens nur noch deutlicher. Eigentlich ist die ganze Zeit „nichts" gewesen.

Vor diesem Hintergrund laden wir Sie herzlich dazu ein, mit Gedanken, Einschätzungen und Bewertungen an mancher Stelle zurückhaltend zu sein. Oft lassen wir uns durch Informationen und Fehl-informationen ins Bockshorn jagen. Nicht umsonst heißt es im Volksmund: „Was ich nicht weiß, macht mich nicht heiß."

Gerade für unsere Zwecke ist es hilfreich, die Dinge erst einmal auf sich wirken, sie einfach mal stehen zu lassen. Speziell, wenn es um innovative und kreative Lösungsfindung geht, hat es sich bewährt, auch mal fünf gerade sein zu lassen. Manchmal blockieren wir uns vorschnell und unnötig selbst, versperren uns den Weg, weil wir meinen, etwas sei so und so und niemals anders. Dann ist es hilfreich uns zu sagen: „Liebes Denken, ich habe dich durchschaut – bitte lass mich erst mal machen, du darfst später wieder das Ruder übernehmen."

Natürlich ist es wichtig, dass Sie letztlich den Prozess für sich bewerten. Vielleicht können wir uns ja auf Folgendes einigen: Bewertet wird auf jeden Fall. Und zwar ganz zum Schluss, damit wir nichts im Keim ersticken, die Lösung nicht töten, bevor sie Früchte tragen kann – einfach, um vorher das gesamte Potenzial ausschöpfen zu können.

Die Ursachen für unsere inneren Kämpfe

Wie wäre es zum Einstieg in Ihr neues Leben mit einer kleinen Zeitreise? Dem tristen Alltag entfliehen? All die Zwänge, Konflikte und den Work-Life-Balance-Ballast einfach ins Gestern verbannen? Worauf warten Sie noch? Steigen Sie ein! In unser (T-)Raumschiff…

Die Zeitreise

Bitte halten Sie im Anschluss etwas zum Schreiben bereit.
Lehnen Sie sich entspannt zurück. Vergessen Sie Zeit und Raum.
Atmen Sie tief in den Bauch. Schließen Sie die Augen. Stellen Sie sich

folgende Situation vor: Wir schreiben jetzt das Jahr 2023. Sie sind wunderbar gelöst und glücklich, mit sich selbst komplett im Reinen und genießen Ihr Leben in vollen Zügen. Sie spüren diese wahrhaft traumhaften Gefühle in sich. Sie schauen sich in Ihrem wundervollen Leben um. Wo sind Sie? Was machen Sie? Wer umgibt Sie? Wie sieht alles aus? Wie riecht es dort? Welche Farben tauchen vor Ihnen auf? Stellen Sie sich alles genau vor, lassen den Blick und die Gedanken in dieser perfekten Welt schweifen und saugen Sie die Bilder in sich auf.

Nachdem Sie einige Minuten in diesem atemberaubenden Jahr 2023 umhergereist sind, atmen Sie noch ein paar Mal tief durch und wecken dann langsam Ihren Körper wieder auf.

Zücken Sie Stift und Papier und notieren sich die Details Ihrer Vision; gerne können Sie einzelne Aspekte auch zeichnen, malen oder anderweitig visualisieren, zum Beispiel in einer Collage. Lassen Sie es sacken, bevor Sie weiterlesen und -arbeiten, und nehmen Sie sich vor allem Zeit für die Fixierung – dafür sind die einzelnen Punkte Ihrer Vision einfach zu wichtig!

Halten Sie die Ergebnisse Ihrer Zeitreise, Ihres Ziel-Zustandes, bereit, wir kommen bald darauf zurück. Zuvor ist es allerdings erforderlich, stärker denn je ins Hier und Jetzt einzutauchen. Dazu erschaffen wir ein sogenanntes *Jetzt-Bild*.

Ihr Jetzt-Bild

Nehmen Sie Kartei- oder Moderationskarten verschiedener Farben und Größen und einen dicken Stift zur Hand. Achten Sie darauf, dass Sie möglichst für 30 bis 45 Minuten völlig ungestört sind und dass Sie ausreichend Platz zur Verfügung haben. Am besten können Sie sich auf einem großen Tisch oder gar auf dem Fußboden „austoben". Verbannen Sie Ihr Telefon, Ihre Mitmenschen und gegebenenfalls Ihre Haustiere.

Betrachten Sie nun Ihre momentane Lebenssituation und lassen die für Sie relevanten Teilbereiche Revue passieren. Zum Beispiel:

- Ihren Beruf/Ihre Firma und die jeweils dazugehörenden Personen: Chef, Kolleginnen, Kunden,
- Ihre Partnerschaft, Ehe, Liebschaften,
- gegebenenfalls Ihre Kinder,
- Ihre eigene Familie und/oder Ihre Schwiegerfamilie,
- Ihre Hobbys, Leidenschaften, Freizeitbeschäftigungen und die jeweils betreffenden Personen,
- Ihren Freundes- und Bekanntenkreis,
- alles, was sonst noch in Ihrem derzeitigen Leben eine Rolle spielt: Vereine, Ehrenämter, ...

Seien Sie gedanklich flexibel, grasen Sie alles für Sie Relevante ab. Sie können die Bereiche auch stichpunktartig auf einem Blatt notieren, damit Sie alles abrufbereit haben.

Danach legen Sie Karten für jeden Bereich an. Wählen Sie die Karten so, dass sie bezüglich Größe und Farbe subjektiv zum Thema passen. Wenn zum Beispiel die Arbeit viel Raum in Ihrem Leben einnimmt, dann wählen Sie eine verhältnismäßig große Karte. Wenn Ihnen Ihr Hobby viel Freude schenkt, dann wählen Sie eine Farbe, die Ihnen gut gefällt. Das Gleiche gilt für die Menschen, die in den jeweiligen Bereichen eine Rolle spielen. Natürlich ist es nicht nötig, jeden Einzelnen auf einer Karte zu verewigen. Sollte allerdings jemand dabei sein, der in dem jeweiligen Bereich eine hervorstechende Rolle spielt, dann würdigen Sie zum Beispiel Ihren Lieblingskollegen oder Ihre beste Freundin mit einer eigenen Karte.

Auf jeder Karte werden nun zwei Stichworte notiert: An erster Stelle halten Sie den Lebensbereich beziehungsweise das entsprechende Thema oder die Person ganz formal fest: „Firma XY", „Halbtagsstelle", „Schwimmverein", „Chefin Frau Müller", „Kollege Schmidt", „Eltern". Dann notieren Sie ein Charakteristikum des jeweiligen Bereiches oder der Person, sozusagen Ihre „inoffizielle" Bewertung wie „Irrenhaus" oder „Goldgrube" für den Job, „Ruheoase" für Ihr Yogazentrum, „Schwein" für den Hasskollegen, „Spatz" für Partnerin oder Partner.

Ganz wichtig: Seien Sie ehrlich zu sich selbst. Wenn Sie hier im Sinne der sozialen Erwünschtheit handeln und sich selbst in die Tasche lügen, dann verfälschen Sie die darauf aufbauenden Übungen. Dann können wir es direkt lassen. Vielleicht hilft Ihnen ja der Gedanke, dass Sie an dieser Stelle auch mal so richtig schön politisch inkorrekt sein dürfen. Alles ist erlaubt. Hauptsache, es macht Ihnen Spaß und bildet Ihren subjektiven Lebensraum ab!

Zum Abschluss dieser Übung legen Sie die Karten aus. Und zwar so, dass die Anordnung der Karten ebenfalls repräsentativ ist. Legen Sie die wichtigen oder dominanten Bereiche zum Beispiel nach oben oder ins Zentrum, Sie können verwandte Bereiche zueinander gruppieren. Wenn ein Thema oder Personen derzeit nicht so zentral in Ihrem Leben präsent sind, dann legen Sie diese weiter weg oder an den Rand Ihres Jetzt-Bildes. Bitte prüfen Sie, inwieweit Sie den Eindruck haben, dass alles treffend benannt ist und die Verhältnisse stimmen.

Dieses Jetzt-Bild ist ein Kernstück unserer Zusammenarbeit. Es spielt in den Coachings, die wir in unserer Praxis durchführen, eine zentrale Rolle und erbringt sehr gute Resultate. Denn die meisten Menschen sind sich ihrer Lebensbereiche, Themen und Schlüsselpersonen gar nicht ausdrücklich bewusst. Wozu auch? Sie umgeben uns mehr oder weniger selbstverständlich, tagein, tagaus. Ihr Jetzt-Bild ist der erste Schritt, um sich Ihrer gegenwärtigen Situation bewusst zu werden.

Um diesen Prozess anschaulicher zu gestalten, haben wir zwei unserer Klienten ausgewählt, deren Entwicklungen wir hier parallel und beispielhaft verfolgen. Namen und Rahmenbedingungen sind selbstverständlich anonymisiert und verfremdet. Ferner wollen wir betonen, dass es sich immer nur um einen sehr verkürzten Ausschnitt handeln kann, der auch nicht zwangsläufig repräsentativ sein muss. Es geht im Wesentlichen darum, dass Sie mithilfe der Vorlagen die technischen Aspekte Ihres Selbstcoachings besser nachvollziehen und ausgestalten können.

Dass unsere Klienten so sind, wie sie sind, ist unbedingt mit keinerlei Wertung verbunden. Wir haben diese Menschen für dieses Buch ausgewählt, weil sich Details ihrer Prozesse gut abbilden lassen und Ihnen wiederum die Arbeit erleichtern. Sie sind ausdrücklich eingeladen mitzuarbeiten, ob Sie Frau sind oder Mann, vollzeitbeschäftigt oder halbtags erwerbstätig, angestellt oder selbstständig, arbeitslos, Mutter oder Vater, jünger oder älter... Jeder Lebensentwurf hat eine hoch individuelle Note. Und jeder von uns trägt von Geburt an das Recht in sich, glücklich zu sein!

JEDER VON UNS TRÄGT VON GEBURT AN DAS RECHT IN SICH, GLÜCKLICH ZU SEIN!

Dürfen wir vorstellen?

Heißen Sie mit uns Christine und Alex willkommen:

Christine ist 41 Jahre alt und arbeitet halbtags als OP-Schwester und Qualitätsmanagementbeauftragte in einem Krankenhaus. Sie ist mit Matthias (46, Zahnarzt) verheiratet – die beiden sind Eltern von Lena (17, Auszubildende) und Jochen (13, Schüler). Die Familie bewohnt ein Eigenheim am Rande von Frankfurt im Grünen.

Als Christine zu uns ins Coaching kommt, lautet ihr erster Satz: „Ich halte dieses Geziehe und Gezerre einfach nicht mehr aus!" Sie wirkt sehr erschöpft, ein wenig fahrig, hat Tränen in den Augen. Seit zwei Monaten leidet sie regelmäßig unter Kopfschmerzen, ist appetitlos, klagt über dünner werdendes Haar. Im Kern wirkt sie auf uns gewissenhaft und liebevoll. Unsere gemeinsame Analyse ihres Jetzt-Bildes offenbart folgende Lebenssituation:

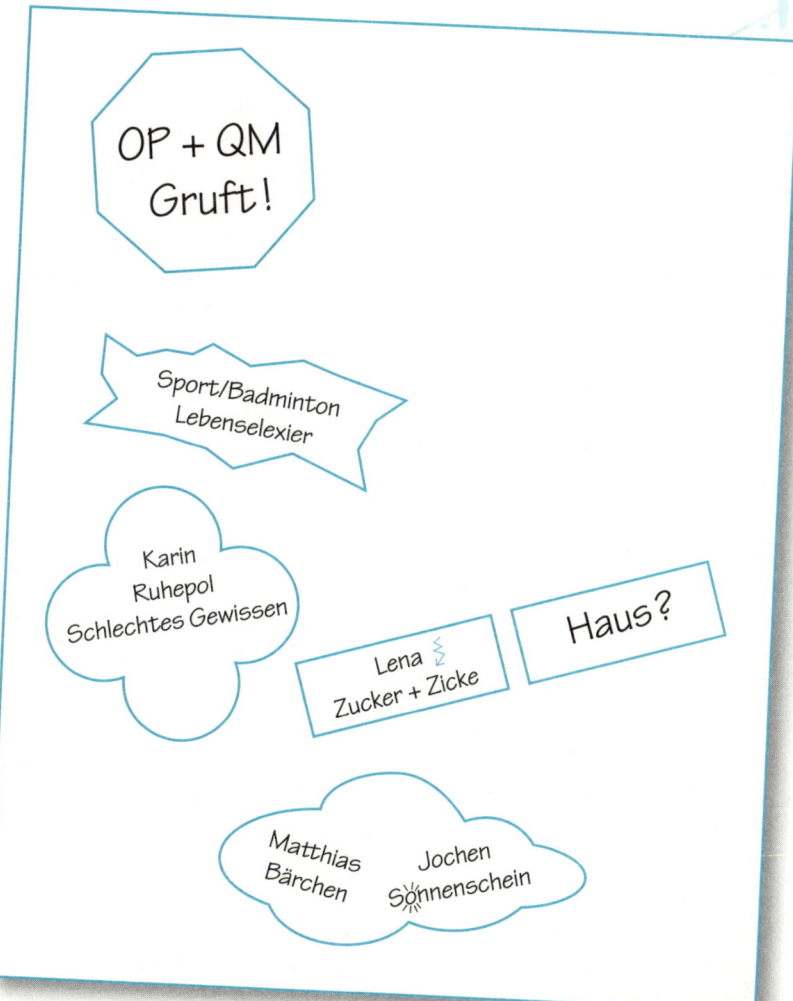

Christines verschiedene und vielfältige Lebensbereiche stehen jeweils stark für sich und sind durch große Distanzen voneinander getrennt.

Ihr Halbtagsjob (OP + QM) ist durch eine große, rote, stopschildförmige Karte abgebildet und in fetten, schwarzen Lettern mit „Gruft!" charakterisiert. Sie liegt an oberster Stelle und dominiert das gesamte Bild. Für die Familie wählt sie eine hellblaue Wolke, in der ihr Mann Matthias (Bärchen) und ihr Sohn Jochen (Sonnenschein) gelistet sind. Tochter Lena (Zucker + Zicke) steht auf einer separaten giftgrünen Karte, die sie zusätzlich mit einem Blitz-Symbol versieht. Auf die angrenzende und ebenfalls giftgrüne Karte „Haus" hat Christine ein großes Fragezeichen gemalt. Die weitere Kategorie Sport/Badminton ist unter dem Motto „Lebenselixier" auf einer kleinen, leuchtend gelben Karte verbucht, deren Ränder sie eingerissen und stellenweise ausgefranst hat. Zwischen der Familien-Wolke und der Sport-Karte liegt eine blumenförmig zurechtgeschnittene und rosafarbene Karte, die für Christines gute Freundin Karin steht (Ruhepol, Schlechtes Gewissen).

Im Gespräch liefert Christine die entsprechenden Hintergrundinformationen. Seit drei Jahren ist sie in der Klinik neben ihrer eigentlichen pflegerischen Tätigkeit als Qualitätsmanagementbeauftragte zuständig. Sie ist deswegen zu 20 Prozent von ihrer ursprünglichen Aufgabe befreit, erlebt den Zusatzposten jedoch als zeitaufwändig und undankbar: Sowohl bei den Vorgesetzten als auch bei den Kolleginnen und Kollegen macht sie sich unbeliebt, da sie innerhalb bestimmter und eng gefasster Fristen gewisse Informationen einholen und Neuerungen durchsetzen muss, die nicht immer auf Gegenliebe stoßen. Sie sieht sich „lebendig begraben", da die Klinik ihr die Qualitätsmanagementausbildung vor vier Jahren finanzierte, wofür sie sich als Gegenleistung für zehn Jahre als Qualitätsmanagementbeauftragte verpflichten musste.

Ihr Mann Matthias und ihr Sohn Jochen geben ihr Halt und Zuversicht. Mit ihrer Tochter verbindet sie eine Hassliebe: Christine ist dankbar, eine Tochter zu haben, mit der sie bestimmte Dinge von Frau zu Frau teilen kann. Gleichzeitig erlebt sie ihre Tochter seit deren Pubertät als sehr fordernd und frech und wünscht sich manchmal, Lena würde ausziehen und ihren eigenen Weg gehen (was sie sich kaum einzugestehen, geschweige denn auszusprechen traut).

Ihr Haus bietet Christine Sicherheit und Rückzug, andererseits kommt sie beruflich bedingt zunehmend weniger dazu, alles ordentlich instand zu halten. Hier spürt sie manchmal den Druck ihres Mannes, der von ihr verlangt, bei einem Halbtagsjob das Haus perfekt in Schuss zu halten. Manchmal fragt sie sich, ob es überhaupt nötig ist, so ein großes Haus zu haben, gerade wenn die Kinder ihren Pflichten im Haushalt nicht nachkommen wollen.

Ihr Ausgleich Sport kommt ihr viel zu kurz, und Christine wünscht sich, mehr Zeit mit Freundin Karin verbringen zu können. Karin ist Single und fordert manchmal mehr Zeit von ihrer Freundin ein, zum Beispiel für gemeinsame Ausflüge oder Wochenendreisen.

Um es auf den Punkt zu bringen: Christine möchte und muss irgendwie allem und jedem gleichzeitig gerecht werden. Sie stößt zeitlich und körperlich an ihre Grenzen.

Bevor wir jetzt gleich in die Lebenswirklichkeit von Alex eintauchen, möchten Sie Ihr eigenes Bild vielleicht prüfen und gegebenenfalls ergänzen. Hierbei geht es weniger um die inhaltlichen Aspekte als vielmehr um die Darstellungsweise. Vielleicht hat Ihnen Christines Jetzt-Bild Anregungen für Ihr bisheriges, eigenes Jetzt-Bild gegeben – dann

a) fühlen Sie sich frei, Dinge hinzuzufügen oder
b) vielleicht doch eine andere Farbe für einen Lebensbereich zu wählen.
c) Seien Sie spontan und kreativ und
d) bilden Sie alles so anschaulich wie möglich ab.

Alex ist 32 Jahre alt und arbeitet als Unternehmensberater für einen amerikanischen Konzern. Er lebt zusammen mit seiner Freundin Lisa (33, Marketingspezialistin) in einer Dachgeschosswohnung im Herzen von Düsseldorf. Wochentags ist er bundesweit auf Projekten unterwegs.

Alex ist eher der rationale und verschlossene Typ, der von sich behauptet, dass es ihm eigentlich ganz gut geht. Dabei lacht er manchmal verlegen.

Seine Freundin Lisa hat ihm das Coaching vermittelt, weil sie ihn zunehmend als unausgeglichen erlebt. Für Alex ist es normal, dass es im Leben Höhen und Tiefen gibt, die momentane Situation betrachtet er als zeitlich begrenzt auf maximal zwei bis drei Jahre. Er arbeitet häufig bis in den späten Abend hinein, hat Einschlafstörungen und gönnt sich vor dem Zubettgehen im Hotel gerne noch ein Fläschchen Rotwein, „zum Runterkommen". Unsere gemeinsame Analyse seines Jetzt-Bildes offenbart folgende Lebenssituation:

Peter
Schwein & Konkurrent

Unternehmensberatung
TRAUMJOB

Home – Lisa
● ???

Eltern
Hochbegabten-
Projekt
Auto

Im Zentrum steht auf einer riesigen Karte Alex' Job, den er auch als seinen „Traumjob" bezeichnet. Über seiner Job-Karte „schwebt" sein Vorgesetzter Peter (Schwein & Konkurrent). Als Anhängsel findet sich die Karte „Home – Lisa" mit einem Bombensymbol und drei Fragezeichen. In einer Ecke hat er auf einer bescheidenen weißen Freizeit-Karte die Begriffe „Eltern", „Hochbegabten-Projekt" und „Auto" zusammengefasst, als Motto dann alles durchgestrichen.

Im Gespräch liefert Alex die entsprechenden Hintergrundinformationen. Nach seinem Studium ist er bei einer Unternehmensberatung eingestiegen und arbeitet seitdem regelmäßig fast 80 Stunden pro Woche irgendwo in Deutschland. Donnerstags oder freitags kommt er nach Düsseldorf zurück, oft muss er aber auch am Wochenende etwas für die nächste Woche vorbereiten. Früher konnte er das besser wegstecken. Jetzt ist er in seiner Freizeit häufig müde und abgeschlagen und schafft es am Wochenende kaum, sich zu Unternehmungen und Verabredungen aufzuraffen. Er ist die letzten Jahre viel herumgekommen und schätzt den mit seinem Job verbundenen „Lifestyle". Seit ein paar Monaten arbeitet er unter seinem neuen Vorgesetzten Peter – besonders stört ihn, dass Peter ihm die Ideen klaut, sich mit seinen Lösungen schmückt und ihn gleichzeitig schlecht bewertet.

Die Beziehung zu Lisa und die gemeinsame Wohnung beschreibt er als Hafen, wo er *eigentlich* entspannen kann. Seit zwei Jahren sieht er sich aber einem massiven Druck ausgesetzt, denn Lisa hat immer weniger Verständnis für seine berufliche Situation und spricht auch häufiger das Thema Kinder an. Die beiden streiten immer öfter und werden auch schon mal sehr laut dabei. Lisa droht dann mit Trennung. Alex will sich als Unternehmensberater noch zwei bis drei Jahre weiter hocharbeiten, um dann einen guten Absprung in die Industrie zu schaffen. Danach will er weiterschauen und vielleicht eine eigene Familie gründen.

Manchmal bedauert er, dass er seine Eltern so selten sieht, die in Hamburg leben. Während des Studiums hat er ehrenamtlich hochbegabte Schulkinder in Mathematik betreut, dazu kommt er momentan leider nicht mehr. Er liebt seinen historischen Sportflitzer, den er aber sehr selten auszufahren schafft.

Kurz: Auf den ersten Blick scheint bei Alex alles „gesettled" und aufregend zugleich. Auf den zweiten Blick bröckelt die Fassade an allen Ecken und Kanten. Alex' Traumbild ist gefährdet, was sich bei ihm körperlich bemerkbar macht.

Bevor wir gleich die nächste Stufe zünden, nutzen Sie, liebe Leserinnen und Leser, die Gelegenheit und aktualisieren Sie erneut Ihr eigenes Jetzt-Bild. Möglicherweise ist Ihnen gerade noch die eine oder andere Idee gekommen, wie Sie welchen Umstand Ihrer momentanen

Situation gut abbilden können. Am besten machen Sie zum Abschluss ein Foto Ihres Jetzt-Bildes, denn wir kommen noch auf diese Ausgangskonstellation zurück.

Wir verstehen, wenn Sie schon ein wenig ungeduldig sind und darauf drängen, möglichst schnell von der Stelle zu kommen. Diese Tendenz ist ganz normal und auch überaus förderlich. Doch so gerne wir's auch täten, es ist uns leider nicht vergönnt, in 20 Minuten aufzubrechen, was in vielen Jahren gewachsen und festgekrustet ist. Wir wollen ja besonders gründlich arbeiten, damit Sie auch wirklich langfristig in großer Zufriedenheit Ihr neues, selbstbestimmtes Leben in vollen Zügen genießen können.

Und die Moral von der Geschicht'

Halten wir zum Abschluss dieses Kapitels folgende Erkenntnisse fest. Jeder hat sie – keiner will sie: Konflikte sind unser täglich Brot. Sie begleiten uns von morgens bis abends. Nicht nur mit unseren Mitmenschen kracht es, auch wir selbst sind ein Pulverfass voller Zündstoff der inneren Zerrissenheit.

Doch was passiert, wenn wir unsere eigenen, widerstreitenden Tendenzen nicht ernst nehmen oder gar verdrängen? Wir werden unzufrieden, unleidlich und vor allem krank.

Um Schlimmeres zu verhindern, können wir die im ersten Teil analysierten Zwänge als Hauptursachen für unsere inneren Kämpfe identifizieren, bearbeiten und schädliche Gedankenmuster durchbrechen. Erst dann sind wir bereit anzuerkennen, dass Konflikte auch positive und förderliche Seiten haben. Sie entfachen eine Energie in uns, die uns zu Bewegung, Veränderung und Entwicklung motiviert, wir erkennen und lernen.

Zuvor jedoch tun wir gut daran, unser Unterbewusstsein auszutricksen, das dazu neigt, an Zwängen und Konflikten festzuhalten, denn sie bieten uns eine unliebsame, aber Sicherheit suggerierende Lebensstruktur.

Gehen wir nun weiter in der Konfliktbewältigung und schauen, warum wir …

ZEHN

Stimmen hören und trotzdem keinen Vogel haben

Ich bin ich – und zwar sehr viele. Unsere Rollenvielfalt

Konzentrieren wir uns im Folgenden also auf die Stimmen- beziehungsweise Rollenvielfalt in Ihnen. Sie sind zwar sehr viele, das heißt aber noch lange nicht, dass Sie verrückt sind.

Ihre Rollenanalyse

Jetzt sind Sie dran: Schnappen Sie sich Ihr Jetzt-Bild mit allen Karten und Ergänzungen und legen Sie eine Liste mit den Rollen an, die Sie innehaben. Achten Sie darauf, dass Sie charakteristische und knackige Formulierungen finden. Zeichnen Sie eine Tabelle, die ungefähr so aussieht – wir kommen bald auf Ihre Aufstellung zurück:

Rolle	(diese Spalte bitte vorläufig freilassen)
Rolle 1	
Rolle 2	
...	

Das Aufdecken der Rollen bringt uns der Lösung einen weiteren Schritt näher. Denn normalerweise, im Alltag, nehmen wir uns als Einheit wahr und sind uns unserer inneren Vielfalt überhaupt nicht bewusst. Wir müssen nicht großartig darüber nachdenken, wer wir gerade sind, was aus dieser oder jener Rolle heraus gerade unsere Aufgabe ist, wo uns der betreffende Kopf gerade steht. Probleme tauchen bei diesem „Einheits-Gedanken" erst dann auf, wenn es bei der einen oder anderen Rolle hakt. Denn dann ist uns nicht bewusst, dass lediglich ein Teil unserer Einheit, unserer Identität betroffen ist. Wir generalisieren. Und wissen dann nicht, wo konkret wir ansetzen können, um den „Schaden" zu beheben. Wir merken nur, dass irgendetwas nicht so läuft, wie es soll, und sehen uns mit einem großen Rätsel konfrontiert. Das Bewusstsein von Teilidentitäten, Rollen beziehungsweise Streithähnen macht unser Leben komplexer und manchmal auch ein wenig komplizierter. Es lohnt sich aber, denn nur so können wir intensiv und nachhaltig Fortschritte erzielen.

Vielleicht hilft Ihnen ja das schöne Bild eines Rollen-Kanons, sich mit dem Gedanken der Teilidentitäten anzufreunden: Ihre Streithähne singen im Kanon. Wir zeigen Ihnen, wie der Kanon wunderbar harmonisch wird.

Doch bevor wir in diese Richtung weiterarbeiten, möchten wir Sie bitten, noch eben die Rollen von Christine aufzulisten und sie mit der Aufzählung unten abzugleichen. So können Sie ablesen, wie Sie mit der Rollenanalyse zurechtgekommen sind.

Vielleicht erhalten Sie ja auch noch die eine oder andere Inspiration für Ihre eigene Aufstellung.

IHRE STREITHÄHNE SINGEN IM KANON. WIR ZEIGEN IHNEN, WIE DER KANON WUNDERBAR HARMONISCH WIRD.

Christine ist *unter anderem* Ehefrau, Mutter, Eigenheimbesitzerin, OP-Schwester, Qualitätsmanagementbeauftragte, Halbtagskraft, Untergebene, Kollegin, Hessin, Sportlerin, Freundin, Ausflüglerin…

Nachdem Sie für sich eine eigene Aufstellung Ihrer Rollen und damit Teilidentitäten angelegt haben, gehen wir nochmals einen Schritt zurück in den ersten Teil dieses Buches.

Bitte „probieren" Sie jetzt die „Zwangsjacke" auf der folgenden Seite an und überprüfen ganz individuell für sich, welchen Zwängen Sie selbst im Alltag unterliegen. Machen Sie Ihr Häkchen dort, wo Sie feststellen: „Oh ja, dieser Punkt könnte auch mich betreffen…"

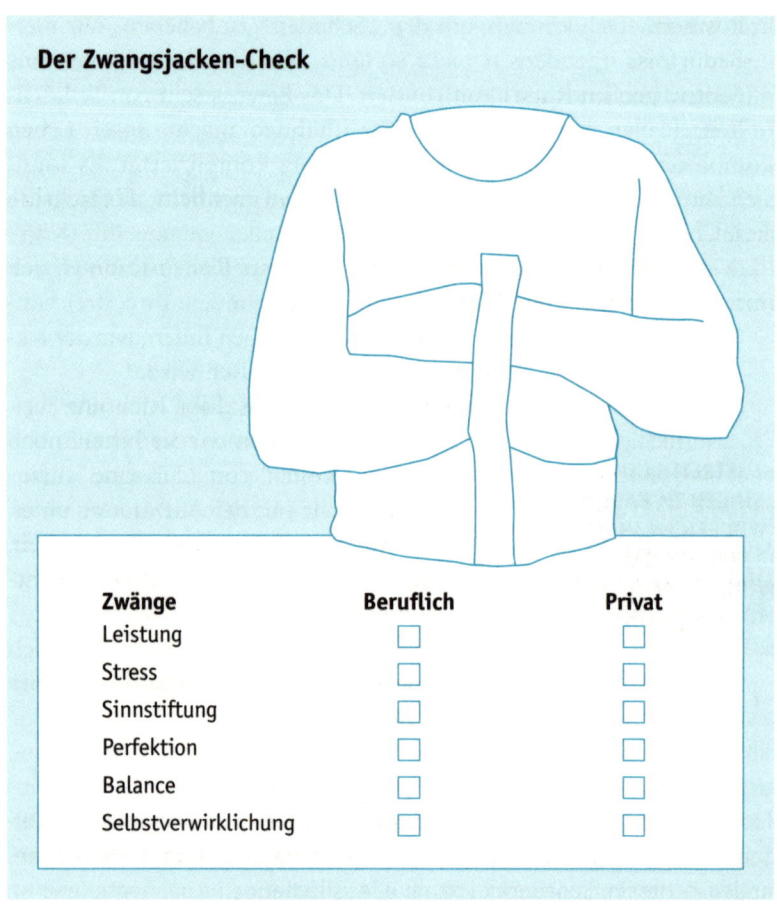

Der Zwangsjacken-Check

Zwänge	Beruflich	Privat
Leistung	☐	☐
Stress	☐	☐
Sinnstiftung	☐	☐
Perfektion	☐	☐
Balance	☐	☐
Selbstverwirklichung	☐	☐

Und dieses Ergebnis ist nur die Spitze des Eisbergs. Wir können ja im Wesentlichen nur an den Dingen arbeiten, die uns bewusst sind. Zwar haben wir schon geklärt, wie wir unser Unterbewusstsein austricksen und auf den Wandel einstimmen. Viele Zwänge aber sind so tief in uns verwurzelt, dass wir nicht so ohne weiteres an sie appellieren können, geschweige denn sie mir nichts, dir nichts abschaffen. Das wäre zu schön! Doch da wir gerade beim Thema Eisberg sind, lassen Sie uns Bezug auf die unterschiedlichen Konfliktebenen nehmen:

1. Position,
2. Bedürfnis,
3. Motivation und
4. Wert.

Gleichen Sie dazu die Übersicht Ihrer Rollen mit dem „Zwangsjacken-Check" ab. Was zeigt sich an dieser Stelle? Genau: Ihre Konflikte spielen sich im Wesentlichen auf der Ebene der *Position* ab. So auch bei Christine und Alex.

Christine steht unter dem Leistungs- und Perfektionszwang, eine gute Ehefrau sein zu müssen. Denn wer, bitte schön, kann es sich schon herausnehmen, eine schlechte Ehefrau zu sein? Eine besonders gute Ehefrau ist sie, wenn sie die Erwartungen ihres Mannes erfüllt – insbesondere, wenn sie es schafft, das Haus perfekt ordentlich und sauber zu halten. Hier wird der Balance-Druck besonders stark, denn sie arbeitet ja „nur" halbtags und kann theoretisch die andere Hälfte ihrer Lebenszeit in das Eigenheim stecken.

Hinzu kommt, dass Christine eine leistungsfähige und perfekte Mutter sein muss. Wer kann es sich schon leisten, als Rabenmutter zu gelten? Dazu zählt, dass man/frau heutzutage Hausaufgaben betreut, Elternabende besucht, sich auf dem Schulbasar engagiert, die Kleinen zu ihren Freizeit-Hotspots kutschiert und dafür Sorge trägt, dass sie insgesamt schön begabt sind und nebenbei Klavier, Chinesisch und Golf lernen. Dummerweise „performt" Tochter Lena derzeit nicht so, wie es sich für eine gepflegte Telenovela eigentlich gehört. Also investiert Christine wöchentlich noch ein paar weitere Stunden ihrer Lebenszeit (die sie ja eigentlich gar nicht mehr hat) in Gespräche. Aber nicht irgendwelche Gespräche. Wer in der heutigen Zeit nicht pädagogisch wertvoll kommuniziert, Familienkonferenzen abhält und das Sender-Empfänger-Modell berücksichtigt, kann gleich in die 1950er zurück.

Im Job ist sie bezüglich Leistung und Perfektion gezwungen, jeden Tag noch ein bisschen schneller und besser zu arbeiten. Für den zunehmenden Stellenabbau und steigenden Dokumentationszwang im sozialen Bereich kann sie nichts, muss aber die Folgen trotzdem ausbaden. Da passt es doch wie die Faust aufs Auge, dass sie sich im Qualitätsmanagement austoben „darf". Auch hier ist sie gehalten, 150 Prozent zu geben – gerade weil die Rahmenbedingungen im Krankenhaus immer schlechter werden. Da sie als Qualitätsmanagementbeauftragte auch nach außen hin repräsentiert, kommt noch mal eben der Zwang zur kontinuierlichen Fortbildung hinzu. Selbstverständlich außerhalb der Arbeitszeit, denn das Krankenhaus hat ihr ja damals die Ausbildung „geschenkt" und erwartet dafür jetzt ein klitzekleines Entgegenkommen. Als Halbtagskraft muss sie außerdem häufig für ihre Kolleginnen und Kollegen einzuspringen. Erstens gehört sich das unter Kollegen so, zweitens kann sie in der heutigen Zeit dankbar sein, überhaupt eine Anstellung zu haben, dafür „darf" sie sich dann durch Flexibilität in der Dienstplanung revanchieren.

Dann gibt es da noch den Balancezwang in Christines Leben, Quality-Time einzurichten: Müdigkeit, sich schlecht fühlen und Anspannung sind out, also heißt es, sich munter mit der Freundin verabreden, bloß nicht klagen, und sich für exklusive Erlebnis-Events engagieren. Sport und „Ausgleich" gehören zwingend zum guten Ton, und wer nicht regelmäßig Präventionspunkte sammelt, fliegt aus der Krankenkasse einfach raus ...

Das ist jetzt zugegebenermaßen etwas plakativ. Aber es spiegelt die wahrgenommenen Repressalien und die resultierende Gefühlslage von Christine. Und vielleicht konnten Sie ja den einen oder anderen zusätzlichen Zwang bei sich identifizieren, der Ihnen Ihr Leben schwermacht.

Auch bei Alex ließe sich jetzt weit ausholen. Hier die Kurzform:

Alex sieht sich gezwungen, ein guter Sohn sein zu wollen, das gehört sich nun mal so. Als Partner und zukünftiger Vater muss er natürlich noch einen Tick perfekter rüberkommen, vom Job ganz zu schweigen. Dort „darf" er auch gerne die Schnauze halten, denn noch im vergangenen Jahr hat sein Arbeitgeber fünfstellig in sein „Management-Soft-Skills-Performance-Blablabla-Training" in Norwegen investiert. Daraus leitet sich jetzt automatisch ab, dass *man zwangs*läufig mit seinen Vorgesetzten zurechtkommt. Any questions?

Was wird deutlich? Christine und Alex haben sich im Außen und damit den Zugang zu ihrem inneren Selbst verloren. Ihre Bedürfnisse sind auf der Strecke geblieben, total verkümmert. Sie sind die „Leichen", die sie im Keller haben. Ganz tief in ihnen drin – ohne direkte Zugriffsmöglichkeit.

Und genau im Außen, zwischen unseren zwangsgeprägten Rollen und Streithähnen, spielen sich unsere Konflikte ab.

IM AUSSEN, ZWISCHEN UNSEREN ZWANGSGEPRÄGTEN ROLLEN UND STREITHÄHNEN, SPIELEN SICH UNSERE KONFLIKTE AB.

Die Positionen „Du musst bei der Arbeit 150 Prozent geben!" versus „Du musst im Haushalt 150 Prozent geben!" sind nicht vereinbar und lösen einen Konflikt aus. Ebenfalls die Positionen „Du musst 80 Wochenstunden arbeiten" versus „Du musst Zeit für deine Eltern, deine Partnerin und deine Kinder haben!".

Aber: Wenn wir an das Eisbergmodell und die vier Konfliktebenen (Position, Bedürfnis, Motivation und Wert) zurückdenken, dann erinnern wir uns, dass sich auf den tiefer liegenden Konfliktebenen häufig Win-Win-Lösungen verbergen. Sie warten förmlich darauf, an die Oberfläche geholt, sichtbar gemacht zu werden. Sie erinnern sich an den Schokoladen-Konflikt zwischen Spaßminister und Gesundheitsapostel: Diese beiden Herzchen sind nichts anderes als Rollen beziehungsweise Teilidentitäten. Über die Bedürfnisebene konnte der Konflikt durch Schokoladentee beigelegt werden.

Damit kommen wir zum Herzstück unseres Ansatzes, zum Modell der wechselseitigen Bedürfniskompensation der Rollen. Wir arbeiten in unserer Praxis seit vielen, vielen Jahren sehr erfolgreich mit diesem Modell und begleiten auf diese Weise unsere Klientinnen und Klienten in ein selbstbestimmtes Leben.

Ihnen, liebe Leserinnen und Leser, haben wir diesen hoch bewährten Ansatz hier als Selbstcoaching-Version aufbereitet.

Das Modell der Bedürfniskompensation

Natürlich ist das Thema Work-Life-Balance alles andere als neu, natürlich gibt es bereits 1001 erprobte Work-Life-Balance-Modelle und entsprechende Lösungsansätze wie Säulen-, Baustein-, Et-Cetera-Modelle. Diese sind im Wesentlichen dadurch gekennzeichnet, dass bestimmte Zeitkontingente zwischen den jeweiligen Work- oder Life-Bereichen hin- und hergeschoben werden. Da unser Tag definitiv nicht mehr als 24 Stunden haben kann, fußen die bisherigen Versuche darauf, ein zeitlich annähernd ausgewogenes Verhältnis zu schaffen.

Allerdings: Diese rein zeitbasierten Ansätze können unseren Zwängen und unserer individuellen Bedürfnislage nie gerecht werden.

Unser Ansatz schert uns nicht alle über einen „Zeit-Kamm", sondern wird – dank *Bedürfnisorientierung* – unserer jeweiligen Einzigartigkeit gerecht. Das ist der Clou unseres Modells.

Allgemeiner gesprochen:

Das Modell der Bedürfniskompensation ist ein universelles Modell zur Lösung aller inneren und äußeren Konflikte.

Die Grafik auf der rechten Seite macht deutlich, wie das Modell funktioniert.

DAS MODELL DER BEDÜRFNIS-KOMPENSATION IST EIN UNIVERSELLES MODELL ZUR LÖSUNG ALLER INNEREN UND ÄUSSEREN KONFLIKTE.

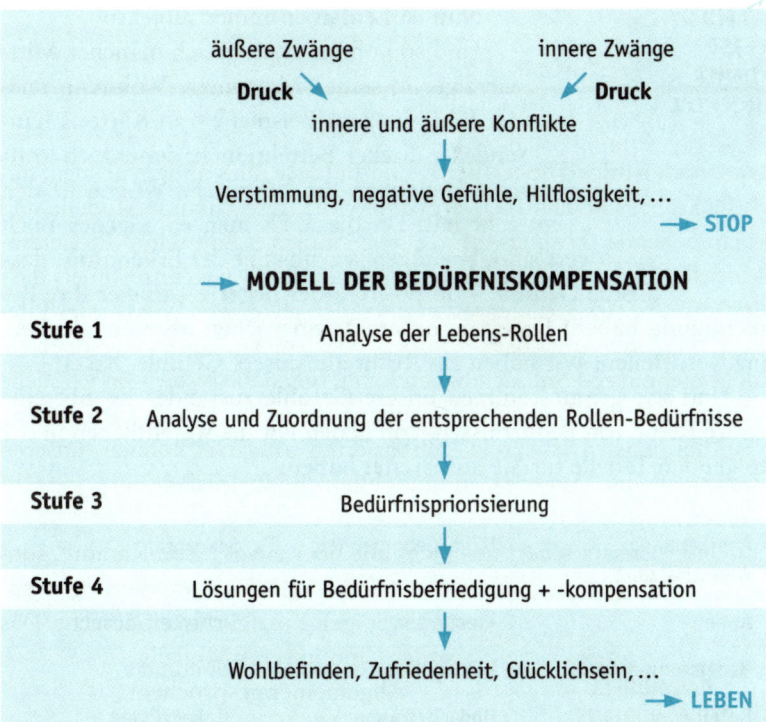

äußere Zwänge   innere Zwänge

Druck   **Druck**

innere und äußere Konflikte

Verstimmung, negative Gefühle, Hilflosigkeit, …

→ STOP

→ **MODELL DER BEDÜRFNISKOMPENSATION**

Stufe 1   Analyse der Lebens-Rollen

Stufe 2   Analyse und Zuordnung der entsprechenden Rollen-Bedürfnisse

Stufe 3   Bedürfnispriorisierung

Stufe 4   Lösungen für Bedürfnisbefriedigung + -kompensation

Wohlbefinden, Zufriedenheit, Glücklichsein, …

→ LEBEN

Sie sehen: In unserem Modell taucht prominent und mehrfach der Begriff „Bedürfnis" auf. Wir leiten Sie gleich an, sich selbst auf Ihre eigene Bedürfnisebene zu begeben, zu analysieren, priorisieren und befriedigen. Das geht am besten über das Gefühl.

Gefühle gehen über Leichen – oder: Warum wir uns fühlen, wie wir uns fühlen

Wir hatten es bereits bei den „Zwangserkrankungen" unserer Gesellschaft: Wie es sein kann, dass es uns schlecht geht, dass wir leiden, *obwohl* wir – gemessen an unserem Wohlstand im Vergleich zur restlichen Welt – eigentlich besonders glücklich sein müssten.

Nun ist Leid aber immer subjektiv.

Und so kommt es, dass sich mancher Mittvierziger in seiner Maisonette-Wohnung mieser fühlt als zum Beispiel ein in Kartons hausender indischer Bettelmönch, der jedoch kraft seiner Gedanken die kosmische Wonne in sich entfacht hat. Da diese Themen ein eigenes Buch wert sind, begnügen wir uns mit der Erkenntnis, dass unsere Gefühle – ob positiv oder negativ – immer ihre Berechtigung haben! Egal, wie unsere Mitmenschen über uns denken, uns verurteilen: Wir haben ein Recht auf unsere Gefühle. Basta!

Und wie genau kommen unsere Gefühle zustande? Es gibt eine ganze Reihe von Bedürfnissen, von denen wir die wesentlichen in der folgenden Tabelle für Sie aufbereitet haben:

Anerkennung/ Wertschätzung	Nähe/Geborgenheit	Sexualität
Atmen	Kreativität	Sicherheit/Schutz
Begeisterung/Spaß	Leichtigkeit/Freude	Spiritualität
Beteiligung	Obdach/Wärme	Trinken/Essen
Bewegung	Rhythmus/Ordnung	Unterstützung
Bildung	Ritual/Feiern	Verständnis
Ehrlichkeit/Echtheit	Ruhe/Alleinsein	Verstehen/Klarheit
Friede/Harmonie	Schlafen	Vertrauen
Heiterkeit	Selbstständigkeit/ Autonomie	Zugehörigkeit
Integrität/Authentizität	Selbstvertrauen	...

Mit unseren Gefühlen ist es dann ganz einfach: Werden unsere Bedürfnisse erfüllt, erleben wir positive Gefühle. Werden unsere Bedürfnisse nicht erfüllt, erleben wir negative Gefühle.

- Beispiele für positive Gefühle sind *unter anderem*: ausgeglichen, ruhig, entspannt, glücklich, belebt, erregt, glühend, verliebt, frei, dankbar, optimistisch, interessiert.
- Beispiele für negative Gefühle sind *unter anderem*: einsam, eifersüchtig, neidisch, ausgehungert, erschöpft, träge, zögernd, depressiv, taub, hilflos, labil, frustriert, ängstlich, nervös.

Fühlen Sie sich schlecht, deutet dies stark auf nicht erfüllte Bedürfnisse hin. Schreiten Sie in unserem Modell voran und designen Sie die Rahmenbedingungen Ihres Lebens so, dass Ihre Bedürfnisse erfüllt werden – und Sie sich gut fühlen.

Das alleinige Hin- und Herschieben von Zeitkontingenten fördert noch kein Wohlbefinden zutage.

Klar wie Kloßbrühe. Wie Selbstgespräche unsere Selbsterkenntnis fördern

Schauen wir uns die Rollen von Alex an und analysieren mithilfe der Bedürfnisliste, welche Teilidentität wie auf ihre Kosten kommen kann. Sie können die Bedürfnisliste für die Weiterarbeit auch abrufen unter: www.kitz-tusch.com/de/downloads.

Rollen-Bedürfnisse Alex	
Rolle	**Bedürfnisse der jeweiligen Rolle**
Sohn	• Anerkennung/ Wertschätzung • Beteiligung • Ehrlichkeit/Echtheit • Friede/Harmonie • Integrität/ Authentizität • Obdach/Wärme • Rhythmus/Ordnung • Selbstständigkeit/ Autonomie • Selbstvertrauen • Sicherheit/Schutz • Unterstützung • Verständnis • Verstehen/Klarheit • Vertrauen • Zugehörigkeit

Rollen-Bedürfnisse Alex	
Rolle	**Bedürfnisse der jeweiligen Rolle**
Partner	• Anerkennung/ Wertschätzung • Beteiligung • Ehrlichkeit/Echtheit • Friede/Harmonie • Integrität/ Authentizität • Nähe/Geborgenheit • Leichtigkeit/Freude • Obdach/Wärme • Selbstständigkeit/ Autonomie • Selbstvertrauen • Sexualität • Sicherheit/Schutz • Unterstützung • Verständnis • Verstehen/Klarheit • Vertrauen
Vater (potenziell)	• Anerkennung/ Wertschätzung • Begeisterung/Spaß • Beteiligung • Friede/Harmonie • Heiterkeit • Leichtigkeit/Freude • Selbstvertrauen • Unterstützung • Verständnis • Verstehen/Klarheit • Vertrauen
Freund/ Kumpel	• Anerkennung/ Wertschätzung • Begeisterung/ Spaß • Beteiligung • Ehrlichkeit/Echtheit • Selbstvertrauen • Unterstützung • Verständnis • Verstehen/Klarheit • Vertrauen • Zugehörigkeit
Akademiker	• Anerkennung/ Wertschätzung • Bildung • Selbstvertrauen • Zugehörigkeit
Angestellter	• Anerkennung/ Wertschätzung • Beteiligung • Bildung • Ehrlichkeit/Echtheit • Friede/Harmonie • Integrität/ Authentizität • Kreativität • Rhythmus/Ordnung • Selbstständigkeit/ Autonomie • Selbstvertrauen • Sicherheit/Schutz • Unterstützung • Verständnis • Verstehen/Klarheit • Vertrauen • Zugehörigkeit

Rollen-Bedürfnisse Alex	
Rolle	**Bedürfnisse der jeweiligen Rolle**
Unter-gebener	• Anerkennung/ Wertschätzung • Beteiligung • Bildung • Ehrlichkeit/ Echtheit • Friede/Harmonie • Integrität/ Authentizität	• Selbstständigkeit/ Autonomie • Selbstvertrauen • Sicherheit/Schutz • Unterstützung • Verständnis • Verstehen/Klarheit • Vertrauen
„Überstun-denmacher"	• Anerkennung/ Wertschätzung	• Begeisterung/Spaß • Kreativität
Vielreisender	• Begeisterung/ Spaß • Heiterkeit	• Leichtigkeit/Freude • Selbstvertrauen
Luxus-bienchen	• Begeisterung/Spaß • Heiterkeit	• Leichtigkeit/Freude • Trinken/Essen
Wahl-rheinländer	• Begeisterung/Spaß • Heiterkeit • Leichtigkeit/Freude	• Ritual/Feiern • Zugehörigkeit
Wohnungs-mieter	• Friede/Harmonie • Obdach/Wärme	• Sicherheit/Schutz • Vertrauen
(ehemaliger) Lehrer	• Anerkennung/ Wertschätzung • Begeisterung/ Spaß	• Bildung • Kreativität • Selbstvertrauen
Auto-liebhaber/ -fahrer	• Begeisterung/Spaß • Heiterkeit	• Leichtigkeit/Freude
Rotwein-trinker	• Begeisterung/ Spaß • Heiterkeit • Leichtigkeit/Freude	• Ritual/Feiern • Trinken/Essen

Stimmen hören und trotzdem keinen Vogel haben
Von der Kunst, die inneren Streithähne auszusöhnen

OBWOHL WIR GANZ VIELE ROLLEN SPIELEN, GIBT ES EIN PAAR WESENTLICHE BEDÜRFNISSE IN UNSEREM LEBENSKONZEPT.

Was wird deutlich?

Obwohl wir ganz viele und vielfältige Rollen spielen, uns höchst komplex aus verschiedenen Teilidentitäten zusammensetzen, gibt es ein paar wesentliche, immer wiederkehrende Bedürfnisse in unserem Lebenskonzept.

Bei Alex sind das *rollenunabhängig* zum Beispiel häufig

- Anerkennung/Wertschätzung,
- Ehrlichkeit/Echtheit und
- Selbstvertrauen.

Das ist die zweite Stufe in unserer Bewusstwerdung und der Dreh- und Angelpunkt unseres Modells der Bedürfniskompensation: Wenn den unterschiedlichen Rollen die gleichen oder ähnliche Bedürfnisse zugrunde liegen, dann muss es theoretisch auch möglich sein, die Bedürfnisse wechselseitig zu kompensieren. Oder, anders formuliert: die Befriedigung von dem einen Lebensbereich auf den anderen zu transportieren, zu übertragen.

Die Bedürfnisse selbst können dann übrigens ganz unterschiedlich und ebenfalls extrem vielfältig erfüllt werden.

Wir brauchen niemals zwingend die ursprüngliche Idee oder konkrete Position. Das glauben wir immer nur, weil wir es nicht gelernt haben, in die Tiefen unserer Persönlichkeit, unseres Daseins vorzudringen.

WIR BRAUCHEN NIEMALS ZWINGEND DIE URSPRÜNGLICHE IDEE ODER KONKRETE POSITION.

Im Grunde reicht uns die Bedürfnisbefriedigung an sich, egal, wie diese konkret ausfällt. Stichwort „Schokoladentee". Das jedoch nur als kleiner Vorgeschmack auf das Kommende.

Ein vergleichbares Bild zeigt sich übrigens auch bei Christine, das wir Ihnen der Übersichtlichkeit halber in Auszügen vorstellen:

Rollen-Bedürfnisse Christine	
Rolle	**Bedürfnisse der jeweiligen Rolle**
Mutter	• Anerkennung/ Wertschätzung • Friede/Harmonie • Unterstützung • Verständnis • Verstehen/Klarheit • Vertrauen • Zugehörigkeit
Ehefrau	• Anerkennung/ Wertschätzung • Friede/Harmonie • Nähe/Geborgenheit • Obdach/Wärme • Selbständigkeit/Autonomie • Sexualität • Sicherheit/Schutz • Unterstützung • Verständnis • Verstehen/Klarheit • Vertrauen • Zugehörigkeit
…	…

Jetzt sind Sie gefragt. Wappnen Sie sich mit der Aufstellung Ihrer eigenen Rollen und der Bedürfnisliste und rücken Sie Ihren Streithähnen auf den Leib. Auf Seite 156 hatten Sie ja bereits mit einer Übersicht begonnen, diese können Sie jetzt vervollständigen. Gehen Sie in den Dialog mit sich selbst. Versetzen Sie sich gedanklich und gefühlsmäßig in die jeweilige Rolle hinein. „Sprechen" Sie mit Ihrer Teilidentität und finden Sie heraus, welche Bedürfnisse dort vorherrschen.

Rollen-Bedürfnisse

Rolle	Bedürfnisse der jeweiligen Rolle
Rolle 1	Bedürfnis 1 Bedürfnis 2 …
Rolle 2	…
…	…

Nachdem Sie jetzt den großen Überblick über Ihre eigene Bedürfnislage gewonnen haben, gehen wir ins Detail. Dabei helfen uns Fragen, Fragen – und noch mehr Fragen.

Fragen Sie sich Löcher in den Bauch

Wir sind jetzt das dynamische und spannungsgeladene System, das es in Bewegung zu versetzen gilt, das wir zur Entwicklung aus sich selbst heraus motivieren wollen. Und wissen Sie, was am besten motiviert? Erschütterung!

Beantworten Sie dazu die folgenden Fragen, am besten schriftlich. So können Sie zu jedem Zeitpunkt darauf zurückgreifen und stets Ihre Unterlagen anpassen und aktuell halten.

Fragen

- Was wollten Sie als kleines Kind machen?
- Welche Talente und Fähigkeiten sagen andere Ihnen nach?
- Was kritisieren Freunde und Bekannte noch am ehesten bei Ihnen?
- Wie ist Ihr Körperbild?
- Was müsste passieren, damit Sie unglücklicher werden?
- Welches Verhältnis haben Sie zur Kultur?
- Wie stehen Sie zur Umwelt?
- Wie steht es um Ihr Gewissen?
- Woran glauben Sie?
- Welches Ideal Ihrer Selbst verfolgen Sie?

Nutzen Sie Ihre Antworten, um noch weiter reichende Erkenntnisse über Ihren eigenen Eisberg zu gewinnen. Setzen Sie die „Bedürfnis-Brille" auf und prüfen Sie jetzt jeden einzelnen von Ihnen genannten Aspekt: Welche Bedürfnisse spricht er an, setzt er voraus, berührt oder befriedigt er?

Bei Christine kommt *unter anderem* heraus, dass

- sie immer schon das Meer liebte,
- andere ihre Hilfsbereitschaft schätzen und gleichzeitig befürchten, dass sie ausgenutzt werden könnte,
- sie selbst niemals jemanden übervorteilen möchte, ihr Gerechtigkeit wichtig ist,
- sie die Natur bewundert und dafür gerne bereit ist, auf Kultur zu verzichten,
- sie erst nach einem erfüllten Leben von dieser Erde abtreten möchte.

Ihre Bedürfnisse in diesem Zusammenhang sind: Ruhe, Unterstützung, Anerkennung, Ehrlichkeit, Spiritualität.

Über Alex erfahren wir *unter anderem,* dass

- er sich von Kindesbeinen an einen Hund wünscht,
- andere ihn für sehr begabt halten,
- seine Freunde denken, dass er in seinen Beziehungen zu nachgiebig ist,
- er gerne einen attraktiveren Körper hätte,
- er sich häufig selbst ein schlechtes Gewissen einredet.

Seine Bedürfnisse in diesem Zusammenhang sind: Nähe, Wärme, Wertschätzung, Harmonie, Selbstvertrauen.

Nun sind wir inzwischen (und insbesondere im Vergleich zum Alltag) sehr intensiv auf der Gefühls- und Bedürfnisebene angelangt. Das mag Sie manchmal ein wenig befremden. Viele unserer Klientinnen und Klienten reagieren regelrecht verstört. Aber Verstörung ist immer eine gute Voraussetzung für anschließende Veränderung.

Wie kommt diese Verstörung zustande?

Wir sind es einfach nicht gewohnt. Und wir haben den Bezug zu unseren Gefühlen und Bedürfnissen nach allen Regeln der Kunst verlernt. Durch all die Zwänge, die wir im ersten Teil ausgiebig zerpflückt haben. Wir können ja selten tun oder lassen, was wir wollen, wonach uns der Sinn steht, wir uns fühlen. Unsere Entwicklung verläuft „ich-fern".

Wenn wir unsere Klienten zum Beispiel nach ihren Gefühlen fragen, antworten viele:

„Meine Frau/mein Mann macht immer dies und das…"

Wo, bitte, ist da das Gefühl?

Ein Gefühl kann niemals das sein, was ein anderer tut. Ein Gefühl kann immer nur sein, was ganz tief in uns drin steckt.

Und so lernen wir, nach und nach, ganz langsam, uns zu vertrauen, unseren eigenen Gefühls- und Bedürfniskosmos sachte wiederzuentdecken und ihn ernst zu nehmen.

Der Wunsch zeigt uns den Weg.

EIN GEFÜHL KANN IMMER NUR SEIN, WAS GANZ TIEF IN UNS DRIN STECKT.

Quo vadis, Wunsch?

Wir hatten Sie auf Seite 144 zum Einstieg in Ihr neues Leben zu einer Zeitreise mit unserem (T-)Raumschiff in das Jahr 2023 verführt. Jetzt ist der rechte Moment gekommen, Ihre Ergebnisse auszuwerten und in den Gesamtkontext einzufügen. Bitte nehmen Sie jetzt Ihre Aufstellung, Ihr Bild, Ihre Collage, wie auch immer Sie Ihre Punkte fixiert haben, zur Hand.

Bei Ihrer Zeitreise handelt es sich um Ihre Wünsche, Träume und Sehnsüchte, die Sie gerne in einigen Jahren umgesetzt erleben möchten. Dahinter wiederum verbergen sich bestimmte Bedürfnisse, die wir nun gemeinsam herausarbeiten. Wir beginnen stellvertretend für diesen Prozess mit Christine.

Christine lebt in ihrem Traum mit ihrem Mann an der Ostsee. Seine Zahnarztpraxis ist verkauft, die Kinder sind selbstständig und kommen mit den jeweiligen Partnern und Enkeln gerne zu Besuch. Sie ist häufig in der Natur unterwegs und liest viel.

Auf der Bedürfnisebene klingen *unter anderem* heraus: Bewegung, Bildung, Nähe, Ruhe.

Und nun sind Sie an der Reihe: Welche Bedürfnisse identifizieren Sie für sich in Ihrer traumhaften 2023er Zukunft? Vervollständigen Sie Ihre eigene Bedürfnisliste, auf die wir gleich nochmals zurückkommen.

Vorher werfen wir noch einen gemeinsamen Blick in Alex' Traumwelt.

Alex sieht sich als selbstständiger Berater, er hat inzwischen ein kleines Kind und lebt mit einer Partnerin und Haustieren in einer großen, zentral gelegenen Wohnung.

Auf der Bedürfnisebene klingen *unter anderem* heraus: Nähe, Obdach, Selbständigkeit/Autonomie und Zugehörigkeit.

Und nachdem die Welt jetzt so schön ist:

Lassen Sie doch mal gepflegt die Welt untergehen

Im Folgenden haben wir eine weitere Übung für Sie vorbereitet, die Sie auf der nächsten Seite finden. Möglicherweise fragen Sie sich, was wir damit bezwecken, möglicherweise finden Sie diese Übung etwas drastisch. Das können wir gut verstehen.

Bitte lassen Sie sich trotzdem für einen Moment darauf ein. Um in unserem gemeinsamen Prozess weiter voran schreiten zu können, sind wir auf Ihre Ergebnisse angewiesen. Wir klären Sie auch gleich auf, versprochen!

Wir kommen Ihnen jetzt garantiert nicht mit der Phrase „Lebe jeden Tag, als wäre es dein letzter", denn das ist natürlich Quatsch.

Viele Dinge würden wir am letzten Tag nicht mehr tun, die aber für ein längeres Leben sinnvoll und nötig sind: in die Rentenversicherung einzahlen, einen Friseurtermin für nächste Woche machen, Geburtstagseinladungen für nächsten Monat verschicken. Darum geht es also nicht. Das Meteorit-Szenario ist eine Einladung, sich mit dem zu beschäftigen, was uns *wirklich wichtig* ist im Leben. Natürlich ist alles Mögliche wichtig, und wir sind ja auch viel beschäftigt, gefragt und unterwegs. Wenn wir uns aber die Endlichkeit des Ganzen vergegenwärtigen, dann sortieren wir gründlicher zwischen wichtig und wirklich wichtig. Sie hatten ja

> WIR KOMMEN IHNEN JETZT GARANTIERT NICHT MIT DER PHRASE „LEBE JEDEN TAG, ALS WÄRE ES DEIN LETZTER".

1. die Ihren verschiedenen Rollen zugrunde liegenden Bedürfnisse gelistet und um die Bedürfnisse ergänzt, die aus der
2. 2023er Vision hervorgegangen sind. Jetzt haben Sie
3. die Möglichkeit, Ihre Bedürfnisliste noch weiter zu verfeinern.

Wenn Sie sich mit Menschen treffen, umgeben wollen: Wie wichtig sind Ihnen Nähe oder Zugehörigkeit? Wenn Sie auf die letzten Tage noch etwas richtigstellen, Aussprache halten wollen: Wie wichtig sind Ihnen Ehrlichkeit oder Friede? Wenn Sie etwas „Verrücktes", „Verbotenes" machen wollen: Wie wichtig sind Ihnen Kreativität oder Freude? Klopfen Sie jeden von Ihnen benannten Punkt auf seine zugrunde liegenden Bedürfnisse ab.

Wir veranstalten diesen Zirkus um Ihre Bedürfnisse und Wünsche, weil wir Menschen den Zugang auch zu ihnen weitgehend verloren haben. Was wir bereits über unsere „ich-ferne" Entwicklung besprochen haben, lässt sich eins zu eins übertragen auf unsere Wünsche. Denn Wünsche sind die konkreten Ausgestaltungen unserer Bedürfnisse.

Vielleicht erinnern Sie sich: In der Generation unserer Großeltern, ja manchmal sogar noch unserer Eltern, galt folgendes Motto: „Jungfern, die pfeifen, und Hühnern, die krähen, soll man beizeiten die Hälse umdrehen." „Pfeifen" ließ sich gut ersetzen durch „wollen", „Jungfern" durch jeden, der einen gerade mit seinen Wünschen belästigte. So wurden viele unserer Bedürfnisse im Keim erstickt. Kein Wunder, dass wir so wunschlos unglücklich wurden.

Wir können jetzt all diese über Jahre und Jahrzehnte verloren gegangenen Dinge neu in uns und für uns entdecken. Das ist die Chance schlechthin!

Was haben unsere „Musterklienten" Christine und Alex für sich entdeckt?

Bevor der Meteorit auf die Erde trifft, hält Christine Aussprache mit ihrer Tochter Lena. Sie verabschiedet sich persönlich oder telefonisch von allen Freunden, Bekannten und Kollegen. Im Anschluss reist sie mit ihrem Mann und ihren beiden Kindern an die See, um dort die letzten Tage bei Lagerfeuern gemeinsam über den Sinn des Lebens nachzudenken.

Aus Christines Vorstellungen lassen sich *unter anderem* folgende Bedürfnisse ableiten: Ehrlichkeit, Friede, Nähe, Ritual, Ruhe, Spiritualität und Unterstützung.

Alex wiederum kauft sich einen Porsche, mit dem er drei Tage lang quer durch die Republik düst und alle lieb gewonnenen Menschen und Orte aufsucht. Aus dem Tierheim nimmt er zwei große Hunde zu sich und zieht sich mit seiner Freundin und seinen Eltern in seine Wohnung „der offenen Tür" zurück: Eingeladen sind alle, die Nähe suchen und die letzten Tage mit ihm und seinen Lieben „feiern" wollen.

Aus Alex' Vorstellungen lassen sich *unter anderem* folgende Bedürfnisse ableiten: Spaß, Heiterkeit, Nähe, Geborgenheit, Obdach, Feiern, Zugehörigkeit.

Macht's euch selbst – so lassen Sie Ihre inneren Streithähne sich gegenseitig befriedigen

Nachdem wir jetzt Ihre Bedürfnisse auf allen Ebenen gründlich abgeklopft haben, gehen wir noch einen Schritt weiter. Wir hatten bereits angedeutet, dass Bedürfnisse an sich auf völlig unterschiedliche Arten und Weisen befriedigt werden können, völlig unabhängig von konkreten Positionen, Vorstellungen, Wünschen und Lösungen. Folgende Aufgabe verdeutlicht diesen Kern unseres Ansatzes der wechselseitigen Bedürfniskompensation.

Wie im Konfliktfall allgemein – davon hatten wir es bereits ausführlich – neigen wir dazu, uns auf eine konkrete Position zu versteifen – und damit: auf eine ganz konkrete Lösung. Wir glauben, diese eine ganz spezifische Möglichkeit sei die *einzige* Möglichkeit, unser Bedürfnis zu erfüllen. Dabei lassen wir einen Umstand unbeachtet:

> **BEDÜRFNISSE SIND UNSPEZIFISCHE TENDENZEN, DIE AUF VIELFÄLTIGE ANGEBOTE REAGIEREN KÖNNEN.**

Unsere Bedürfnisse sind recht unspezifische Tendenzen, die bei näherer Betrachtung auf vielfältige Angebote reagieren können.

Erst wenn wir die Bedürfnisse in ihrer reinen Form nüchtern betrachten, unabhängig von den sich anschließenden Auslebungen, dann öffnet sich der Lösungsraum. So können wir unsere verschiedenen Lebensbereiche unter einen Hut bringen.

Konkret bedeutet das:

Bedürfnisbefriedigungen

Essen	1. Frühstück
	2. Erlebnis-Sushi
	3. Schokolade
	4. Chips
	5. Eis
	6. Sieben-Gänge-Menü in Paris
	7. usw.

Unser Bedürfnis „Essen" kann also durch unzählige konkrete Möglichkeiten erfüllt werden – am Ende sind wir immer satt. Machen Sie den Test und finden mindestens fünf ganz konkrete Befriedigungsmöglichkeiten für Ihr Kreativitätsbedürfnis:

Kreativität	1.
	2.
	3.
	4.
	5.
	6.
	7.

Uns fallen spontan für uns selbst folgende Möglichkeiten ein: unsere Praxisdeko ändern, ein neues Buch schreiben, uns gegenseitig die Haare schneiden, Kostüme für den nächsten Kölner Karneval entwerfen, unsere Homepage aktualisieren.

Sie sehen: Der Bedürfnisbefriedigung sind keine Grenzen gesetzt.

Das darf uns jetzt nachdrücklich motivieren, unsere verschiedenen Lebensbereiche näher unter die Lupe zu nehmen. Wir prüfen, in welchen Bereichen, bei welchen Rollen welche Bedürfnisse wie erfüllt werden können. Und vor allem: Wie die Befriedigung des einen Bereichs sich automatisch auf die anderen Bereiche und Teilidentitäten auswirkt.

Angenommen, eine freundliche Mitdreißigerin hat ein starkes Bedürfnis nach Anerkennung. Angenommen, sie ist Mutter. Angenommen, sie arbeitet halbtags in einem mittelständischen Betrieb. Dann glaubt sie, sie müsse sowohl als Mutter als auch als Angestellte jeweils über 100 Prozent geben. Zumindest wird ihr das von außen so vermittelt.

Hier liegt der große Irrtum! Es reicht, dass ihr Bedürfnis an sich befriedigt ist. Es existiert unabhängig von ihrer Mutter-, Angestellten- oder sonstigen Rolle. Daraus resultiert:

EIN BEDÜRFNIS KANN UNABHÄNGIG VON DEN JEWEILIGEN ROLLEN ERFÜLLT WERDEN!

Ein Bedürfnis kann unabhängig von den jeweiligen Rollen erfüllt werden!

Und jetzt kommt der Clou mit der gegenseitigen Kompensation: Möglicherweise hat unsere Mitdreißigerin neben ihrem Bedürfnis nach Anerkennung noch ein weiteres starkes Bedürfnis nach Nähe. Dann kann sie sich dafür entscheiden, sich stark auf ihre Mutterrolle zu konzentrieren, um dort Anerkennung durch ihre Kinder, Verwandten und Freundinnen zu erhalten. Gleichzeitig wird ihrem Nähebedürfnis Rechnung getragen. Ihre Bedürfnisse sind damit befriedigt. Die guten Gefühle, die Freude und die Zufriedenheit, die sie zu Hause durch die Anerkennung und die Nähe erfährt, sind in ihr drin. Sie kann sie, egal, wann sie wo ist, rollenunabhängig in den jeweiligen Kontext tragen. Das, was sie durch ihre Familie Positives erfährt, kann gefühlsmäßig in ihren Job „schwappen". Dann ist es völlig ausreichend, dass sie im Job bei 50 Prozent Arbeitszeit zwar engagiert ist, aber eben nur 50 Prozent ihrer gesamten Energie gibt und einfach „nur" gute Arbeit leistet. Mehr ist dann nicht nötig. Ihre Bedürfnisse sind damit bereichs- und rollenübergreifend kompensiert. Sie existieren einmalig und grundsätzlich. Es ist völlig überflüssig, sie in zehn Bereichen oder in zehn Rollen auf einmal und jeweils über 100 Prozent zu erfüllen.

Wir begleiten in unserer Praxis tagtäglich viele Klientinnen und Klienten auf ihrem individuellen Weg. Am Ende unseres Prozesses finden alle ihre eigenen Lösungen, mit denen sie zufrieden und glücklich weiterleben. Das kann sein:

- der junge Vater dreier Kinder, der sich entscheidet, seinen Job auf ein Minimum herunterzufahren, um sich Nähe, Geborgenheit und Wertschätzung in der Familie zu erfüllen,
- die kinderwunschlose Enddreißigerin, die sich entscheidet, eine attraktive Stelle im Ausland anzunehmen und eine Fernbeziehung zu führen, um so ihr Kreativitäts- und Leichtigkeitsbedürfnis zu leben oder
- der alleinstehende Geschäftsführer einer Softwarefirma, der sich entscheidet, 80 Wochenstunden zu arbeiten, um sich so ein Maximum an Anerkennung und Sicherheit zu erfüllen, der ab und zu gerne Internetbekanntschaften zum Essen einlädt, um sich auf diese Weise Spaß und manchmal Sexualität zu erfüllen.

In all diesen Fällen sind wir vielleicht versucht zu denken: „Wie kann der nur?", „Wieso macht die nicht mehr aus ihrem Leben?", „Ob das mal so gesund ist, sich so in den Job zu stürzen?" Aber wissen Sie was? Diese Menschen sind verdammt glücklich. Sie leiden kein bisschen unter ihren jeweiligen und vor allem frei gewählten Lebensumständen. Im Gegenteil! Das Einzige, worunter sie leiden, sind die ewigen Bewertungen ihrer Mitmenschen, die gut gemeinten „Hinweise" ihrer Umwelt – all die Zwänge eben, von denen wir es im ersten Teil dieses Buches hatten. Diese Menschen sind glücklich, weil sie ihr Lebenskonzept so gestaltet haben, dass es sie zu 100 Prozent in ihrer

Bedürfnislage abholt – weniger wäre schade, mehr geht rein rechnerisch schon nicht.

Wir denken oft nur, diese Menschen könnten nicht glücklich sein, weil wir von uns auf andere schließen. Denken Sie an die Phänomene „Gruppenidentität" und „Projektion", die wir bereits ausführlich besprochen haben. Dass die oben beschriebenen Menschen ihr Leben so gestalten, wie sie es konkret tun, hat ja mit uns selbst zunächst einmal gar nichts zu tun. Und im Umkehrschluss gilt ja auch nicht die Gegenprojektion, die besagen würde, dass wir unser eigenes Leben genau wie die anderen leben müssen, nur weil es bei denen klappt.

Jedem Tierchen sein Pläsierchen. Und damit Sie selbst Ihr Pläsierchen finden, schreiten wir gleich weiter gemeinsam voran und leiten Sie dazu an, für sich und Ihr eigenes Leben die passende Variante zu finden. Vorher gilt es, Abschied zu nehmen – vom bisherigen, überholten Lebenskonzept.

Jedem Ende wohnt ein Anfang inne

In der Psychologie unterscheiden wir intrinsische (von innen motivierte) von extrinsischen (von außen motivierten) Bedürfnissen. Wie immer im Leben gibt es auch hier nicht nur schwarz und weiß – mit anderen Worten: Die Grenze zwischen intrinsischen und extrinsischen Bedürfnissen ist fließend. Es kann also passieren, dass Ihre Liste Bedürfnisse enthält, die Sie einerseits (noch) in sich tragen und die Sie sich andererseits schwächer ausgeprägt wünschen oder sogar gerne los wären.

- Wir hatten zum Beispiel einen Klienten, der, so weit er zurückdenken konnte, massiv unter den Leistungsansprüchen seiner Eltern gelitten hatte. Daraus erwuchs im Lauf der Zeit ein immer und immer stärker werdendes Bedürfnis nach Anerkennung, das er durch nahezu „übermenschliche" Leistungen im Job zu erfüllen suchte.
- Eine andere Klientin kam im Alter von fünf Jahren in eine Pflegefamilie, wo sie nie so recht Anschluss fand und immer den Eindruck hatte, nicht wirklich angenommen zu sein. Sie entwi-

ckelte über die Jahre ein enormes Nähebedürfnis, das sie durch zahllose Männerbekanntschaften zu befriedigen versuchte.

- Eine Schwester unter vier weiteren Geschwistern kam nie zur Ruhe und wollte dies noch viele Jahrzehnte später durch einen, wie sie es erlebte, „selbstvernichtenden" Rückzug kompensieren.
- Ein Mann verbrachte als Siebenjähriger nach einem schweren Unfall ein Jahr komplett eingegipst in völliger Abgeschiedenheit im Krankenhaus. Er bildete ein übermäßiges Bedürfnis nach Bewegung aus, das er später als Erwachsener dann durch Extremsport – bis hin zum Gelenkverschleiß – zu erfüllen bemüht war.

Wenn Sie bei sich Ähnliches feststellen, wenn Sie merken „Dies und das tut mir nicht mehr gut", „Eigentlich will ich das so gar nicht", „Im Grunde kommt jenes nicht von Herzen" – dann ist es an der Zeit, Abschied zu nehmen. Diesen Abschied können Sie in zwei Schritten gestalten:

Abschied nehmen

1. Nehmen Sie Ihre entsprechenden Gefühle und Bedürfnisse sehr ernst. Sie waren ein wichtiger Teil von Ihnen. Sie hatten ihre Daseinsberechtigung und boten Ihnen über lange Zeit Sicherheit und Halt. Würdigen Sie die Vorteile, die Ihnen diese Gefühle und Bedürfnisse bescherten. Danken Sie.
2. Lassen Sie los. Um dieses Loslassen zu erleichtern, können Sie sich bestimmte Fragen stellen, zum Beispiel:

- Was muss passieren, damit _____ (hier setzen Sie dann Ihr Bedürfnis ein, das Sie verabschieden wollen) eine kleinere Rolle spielen kann?
- Unter welchen Bedingungen kann ich auch ohne _____ leben?
- Welche Alternativen kann ich für _____ finden?
- Wie käme „Person X" (hier können Sie verschiedene Autoritäten einsetzen und es durchspielen: den Papst; einen Popstar;

eine nahe stehende Person; ein Marsmännchen ...) von _____
los?
- Woran würde ich merken, dass _____ für mich an Bedeutung
verloren hat?

In den obigen Fällen konnte der Abschied zum Beispiel erleichtert werden durch eine Aussprache mit den Eltern, den Geschwistern, das offene Thematisieren von Traumata bei Freunden oder in der Partnerschaft. Wenn ein direktes Gespräch nicht möglich ist, weil die Person vielleicht den Kontakt abgebrochen hat oder bereits verstorben ist, dann kann es auch sehr hilfreich sein, einen Brief an die entsprechende Person zu verfassen und sich somit den Ballast von der Seele zu schaffen.

Diese Methoden können auch Sie selbst anwenden. Ferner steht uns noch eine sehr schöne Technik aus der Vergangenheitsbewältigung zur Verfügung:

Die Aussöhnung

Stellen Sie sich eine Lebenssituation vor, in der es zum Beispiel Stress, schlechte Gefühle, Ärger oder Kritik gab. Möglicherweise, weil Sie etwas getan oder gelassen haben, was andere anders von Ihnen erwartet haben, in Ihrer Kindheit, Ihrer Jugend oder erst vor kurzem. Möglicherweise haben Sie jemandes Grenze überschritten – der oder die andere war daraufhin nicht in der Lage, liebevoll und achtsam zu kommunizieren. Malen Sie sich dieses Bild aus.

Schlüpfen Sie dann in Ihrer Vorstellung mit Ihrem jetzigen Körper genau in diese Szene hinein und nehmen Sie das Kind, den Jugendlichen, die jüngere Erwachsene – wer auch immer Sie in dieser Szene waren – liebevoll in den Arm, streicheln es, ihn oder sie und finden Sie liebe Worte, wie

- „Ich verstehe dich voll und ganz."
- „Ich bin bei dir."
- „Du bist wundervoll."

Im Anschluss verzeihen Sie auch den anderen „Mitspielern" in dieser Szene: Ihren Eltern, Geschwistern, Ihrer Partnerin, Ihren Freunden, Ihrem Vorgesetzten, Ihrer Kollegin – wer auch immer eine Rolle spielte und auf Sie einwirkte.

Wichtig ist, dass Sie diese Übung während der kommenden Tage so oft wiederholen, bis sich bei Ihnen ein annähernd gutes Gefühl einstellt, wenn Sie an diesen Ausschnitt aus der Vergangenheit zurückdenken.

Diese Übung ist ein wichtiger Schritt in Richtung Selbstliebe. Sie bewältigen Ihre Vergangenheit, indem Sie Ihre entsprechenden Erlebnisse annehmen. Söhnen Sie sich aus – mit sich selbst und Ihren Mitmenschen.

Danach können Sie definitiv Abschied nehmen von den Dingen, die Sie belasten, die Sie loswerden wollen. Hier hilft uns eine hoch effektive und angenehme Technik aus der Traumatherapie:

Gezielte „Verdrängung"

Lesen Sie bitte zunächst diese kurze Anleitung, danach schließen Sie die Augen und arbeiten im Geiste die einzelnen Schritte ab.

1. Benennen Sie das Gefühl oder Bedürfnis, von dem Sie Abschied nehmen möchten.
2. Stellen Sie sich dann eine typische Situation vor, in der dieses Gefühl oder Bedürfnis aufgetaucht ist. Drehen Sie gedanklich einen Film über diese typische Situation und brennen diesen im Geiste auf eine DVD.

3. Diese DVD wiederum verfrachten Sie in Ihrer Vorstellung in eine Rakete und schicken die Rakete auf den Mond. Schauen Sie der Rakete hinterher und verfolgen Sie, wie sie – samt Inhalt! – immer kleiner und winziger wird, bis sie für immer verschwunden ist...
Der Countdown läuft.

Das Wichtigste ist, dass Sie guten Gefühls Abschied nehmen, sich nicht verurteilen, dass Sie jahrelang dies und das gefühlt oder gemacht haben. Dass Sie annehmen, dass es für Ihr bisheriges Leben wichtig und richtig war, wie es war. Und jetzt ist eine neue Zeit angebrochen, wo andere Dinge für Sie wichtig sind. Deshalb ist es völlig legitim, sich zu trennen und sich neue Horizonte zu erschließen.

Ihre ganz persönlichen Bedürfnis-Charts

Wir wagen jetzt gemeinsam die letzten zwei Schritte, bevor wir ans Eingemachte gehen, an die konkreten Ausgestaltungen Ihres neuen Lebensentwurfs.

Die Top Five Ihrer Bedürfnisse

Erster Schritt: Erstellen Sie Ihren ultimativen Bedürfniskatalog. Das ist die dritte Stufe unseres Modells: Nehmen Sie Ihre Liste und tragen Sie alle Bedürfnisse zusammen, die Sie dank der vorangegangenen Kapitel in sich identifizieren konnten. Im nächsten Schritt erstellen Sie eine Rangfolge, indem Sie all Ihre Bedürfnisse nach Wichtigkeit bewerten. Diese Wichtigkeit legen Sie selbst subjektiv fest. Spüren Sie in sich hinein, befragen Sie Ihr Herz. Darüber hinaus können Sie gegenprüfen, indem Sie die Nennungen zählen – welche Bedürfnisse tauchen bei Ihren verschiedenen Rollen gehäuft auf? Das *kann* ein

Zeichen dafür sein, dass Ihnen diese Bedürfnisse besonders wichtig sind. Für die anschließende Lösungsfindung greifen wir auf Ihre Top Five zurück.

Bei Alex sind das:

1. Anerkennung/Wertschätzung,
2. Ehrlichkeit/Echtheit,
3. Vertrauen,
4. Unterstützung und
5. Nähe/Geborgenheit.

Christine entscheidet sich für:

1. Nähe/Geborgenheit,
2. Anerkennung/Wertschätzung,
3. Spiritualität,
4. Leichtigkeit/Freude und
5. Friede/Harmonie.

Zweiter Schritt: Überlegen Sie sich, welche Ihrer Lebensbereiche oder Rollen Ihnen besonders am Herzen liegen. Das bezieht sich sowohl auf bisherige als auch zukünftige, gewünschte Aspekte.

Völlig unabhängig von der konkreten Ausgestaltung und rein vom spontanen und gefühlsmäßigen Zugang: In welchen Bereich, in welche Rolle möchten Sie gerne in Zukunft mehr Energie, mehr Herzblut investieren? Wenn Sie jetzt davon ausgehen, dass Sie sich grundsätzlich alles überall holen können – wo möchten Sie denn am liebsten anfangen? Welche Rollen möchten Sie stärken? Welche Bereiche zurückfahren? Auch hier erstellen Sie bitte eine Rangfolge, indem Sie all Ihre Bereiche und Rollen danach bewerten, wie wichtig sie Ihnen sind. Christine zum Beispiel stellt für sich fest, dass ihr ihre Familie besonders am Herzen liegt. Alex hingegen bewertet seine Berufstätigkeit sehr hoch.

Unsere Selbstanalyse offenbart: Wir sind viel vielschichtiger als bisher angenommen. Jeder Einzelne von uns hat Dutzende Rollen zugleich inne. Diese gilt es herauszuarbeiten und zu würdigen, um sie am Ende in einen harmonischen Rollen-Kanon zu überführen. Ein solcher Kanon setzt eine ganzheitliche Betrachtungs- und Lebensweise voraus. Psychologisch hochwirksame Techniken helfen dabei, unsere vielfältigen Rollen miteinander in einen selbstrespektvollen Dialog zu bringen. Auf dieser tiefer liegenden Ebene der Bedürfnisse wird deutlich, dass unsere verschiedenen Rollen so verschieden voneinander gar nicht sind. Die Lösung für unser Problem kann daher nicht eine einfache Umgewichtung von Lebensbereichen sein. Es gibt jedoch einen psychologischen Trick, mit dem wir tiefgreifend und nachhaltig zufrieden werden können: Unsere Rollen und ihre entsprechenden Bedürfnisse können sich gegenseitig befriedigen. Dieses Modell der Bedürfniskompensation ist das Herzstück dieses Ansatzes.

Nun fehlen nur noch konkrete und alltagstaugliche Umsetzungsstrategien.

ELF

Wie Sie lernen, Ihr Leben zu lieben

...ohne sich selbst zu verbiegen

Jetzt ist der Moment gekommen: Nehmen Sie ein großes, weißes Blatt Papier zur Hand. Am besten im Format A1 oder A0. Dieses große Blatt ist jetzt Ihr neues Leben. Es ist noch vollkommen rein. Sie sind der Designer und können schalten, walten, frei gestalten...

Design your life

Brainstorming 1

Wir starten mit einem Brainstorming zum Thema „Wie sieht mein zukünftiges Leben aus?" Hierbei sind drei wichtige Punkte zu beachten:

1. *Jede* Idee zählt: Seien Sie spontan, kreativ, hemmungslos, spinnen Sie – die Bewertung („gut, schlecht, richtig, falsch, machbar, ...?") erfolgt unbedingt erst später!

2. Seien Sie möglichst konkret: Selbstverständlich kann es für Sie schön sein, wenn Sie zum Beispiel „Spaß haben" notieren. Hilfreicher ist es, wenn Sie zum Beispiel festhalten „einmal wöchentlich Fallschirmspringen".
3. Denken Sie groß: Wenn eine Idee ist, „Minister" oder „Astronautin" zu werden, um Ihr Heil zu finden, dann schreiben Sie sie auf.

Spielen Sie Tennisballmaschine und hauen Sie eine Idee nach der anderen raus!

Wenn Sie nach einiger Zeit Ihr Hirn „ausgesaugt" und alles aufgeschrieben haben, dann halten Sie kurz inne. Im Anschluss begeben Sie sich unbedingt in eine zweite Runde und „zwingen" sich (ausnahmsweise, die Zwänge hatten wir ja eigentlich abgeschafft) zu mindestens drei weiteren Ideen. Die Innovationsforschung hat ergeben, dass die besten Ideen nach dem „toten Punkt" kommen.

Auf welche Ideen sind Alex und Christine im Brainstorming gekommen? Alex' erste Runde sieht wie folgt aus:

- zu den Eltern ziehen
- Kündigung
- mit Lisa Schluss machen
- Hund anschaffen
- Kind kriegen
- keinen Alkohol mehr
- Hausmann werden
- mehr Sport
- Selbstständig machen

Alex zuckt regelrecht zusammen, als er die Punkte „Kündigung" oder „mit Lisa Schluss machen" aufschreibt. Er ist in diesem Moment über sich selbst und seine Gedanken erschrocken, die er normalerweise so nie zugelassen hätte. Hier kommen wieder die vielfältigen Zwänge ins Spiel, die sagen „Kündigen ist gefährlich!" oder „Wenn man sich füreinander entschieden hat, dann bleibt man für immer zusammen!". Es ist wichtig, ihm zu verdeutlichen, dass auf dem Papier alles erlaubt ist. Die Bewertung kommt erst später. Dass es notiert ist, heißt noch lange nicht, dass es zwingend so umgesetzt wird.

Christines erste Runde

- Lena zieht aus
- Matthias' Praxis verkaufen
- in der Praxis mitarbeiten
- Qualitätsmanagementjob kündigen
- Aussprache mit Lena
- an die See ziehen
- Haus verkaufen
- bei Karin wohnen

Christine ist im Brainstorming eher zögerlich, überlegt lange hin und her und wälzt schon Vor- und Nachteile der Ideen. Wir laden sie ein, loszulassen, einfach zu sammeln ...

Damit sind wir noch lange nicht am Ende unseres Lateins. Wir drehen eine weitere Runde – schließlich geht es um Ihr Leben!

Brainstorming 2

Bitte assoziieren Sie nun ganz frei vor dem Hintergrund Ihres Themas „Wie sieht mein zukünftiges Leben aus?" und dem Stichwort „Känguru". Welche Ideen kommen Ihnen spontan? Was könnten Ihr Leben und Kängurus miteinander zu tun haben? Bitte setzen Sie Ihre Liste fort.

Alex kommt auf die Ideen, nach Australien auszuwandern, einen Karriere-sprung zu machen, als Hausmann seinen zukünftigen Nachwuchs „im Beu-tel" vor sich herzutragen, sich mit Boxen abzureagieren, seinen Chef zu verprügeln.

Christine ergänzt auf Ihrer Liste den Absprung zu wagen, große Schritte zu machen, mit ihrer Freundin öfter in den Zoo zu gehen.

Mit dieser „Schlüsselworttechnik" ermutigen wir unser Gehirn, sich neue Räume zu erschließen, anders, neu und quer zu denken. Sie kön-nen statt „Känguru" auch jedes andere positiv besetzte Wort wählen, das keine direkte Nähe zur Fragestellung aufweist, zum Beispiel „Blume", „Heißluftballon" …).

Brainstorming 3

Bitte antworten Sie zu Ihrem Thema „Wie sieht mein zukünftiges Leben aus?" auf die Frage: „Was würde mir ein Marsmännchen raten?" Bitte setzen Sie Ihre Liste erneut fort.

Dieser Perspektivenwechsel löst kreative Blockaden auf. Sie können genauso gut die Perspektive einer Ameise, die eines Popstars oder die von Kitz & Tusch einnehmen …

„Das Marsmännchen" rät Alex, seinen Chef wegzubeamen, Lisa einer Ge-hirnwäsche zu unterziehen, mit einem Raumschiff öfter die Eltern zu besu-chen.

Christine hat die Impulse, Tochter Lena in eine fremde Galaxie als Au-pair zu vermitteln, einfach auf den Mars zu fliehen, im Krankenhaus die Schwerelosigkeit einzuführen.

Nun verknüpfen wir Ihre Einträge mit Ihren Bedürfnissen: Nehmen Sie bitte die Top Five Ihres Bedürfniskataloges zur Hand. Sie können nun ganz allgemein jeweils fünf grundsätzliche Befriedigungsmöglichkeiten für das entsprechende Bedürfnis erarbeiten – so ähnlich, wie wir es auf Seite 177 demonstriert haben.

Christine priorisiert zum Beispiel ihr Bedürfnis nach Anerkennung relativ hoch. Ganz grundsätzlich und losgelöst von allem sieht sie folgende Möglichkeiten der Erfüllung:

Anerkennung	• Lob von Chefin
	• durch Ehemann
	• durch gutes Verhältnis zu Kindern
	• Ehrenamt
	• schulisches Engagement bei Jochen

Die für jedes Ihrer fünf wichtigsten Bedürfnisse erarbeiteten Lösungen übertragen Sie dann bitte auf Ihr großes Blatt mit den bisherigen Vorschlägen. Nachdem Sie nun Ihre Ideen zusammengetragen haben, gehen wir in die Bewertung Ihrer Möglichkeiten.

Jedem Tierchen sein Pläsierchen – wie Sie Ihre Toplösung finden

Wir hatten Sie ja gebeten, mit Bewertungen vorsichtig zu sein, um kreative und innovative Tendenzen nicht gleich schon im Keim zu ersticken. Vielen Dank für Ihre Geduld. Jetzt ist der Moment gekommen, wo wir schauen können, inwieweit das bisher Erarbeitete für Sie zutreffend und passend ist. Bitte halten Sie jetzt die Top Five Ihres Bedürfniskataloges bereit.

Bei Alex sind das, Sie erinnern sich:

1. Anerkennung/Wertschätzung,
2. Ehrlichkeit/Echtheit,
3. Vertrauen,
4. Unterstützung und
5. Nähe/Geborgenheit.

Bei Christine:

1. Nähe/Geborgenheit,
2. Anerkennung/Wertschätzung,
3. Spiritualität,
4. Leichtigkeit/Freude und
5. Friede/Harmonie.

Christine beschließt grundsätzlich, ihr berufliches Engagement zurückzufahren. Nähe und Anerkennung bedeuten ihr viel – allerdings möchte sie diese Aspekte lieber in der Familie erfahren und leben.

Alex wird deutlich, dass Anerkennung und Wertschätzung sein Thema schlechthin sind. Er hält grundsätzlich an seiner Idee fest, noch eine gewisse Zeit in seine Karriere zu investieren. Alex möchte die dort befriedigten Bedürfnisse und die daraus resultierenden positiven Gefühle in sein Privatleben übertragen.

Ferner haben Sie inzwischen geprüft, welche Lebensbereiche beziehungsweise welche Rollen Ihnen besonders am Herzen liegen. Vor dem Hintergrund Ihrer Prioritäten laden wir Sie jetzt dazu ein, Ihre eigenen Lösungsideen zu bewerten. Gehen Sie dazu in mehreren Schritten vor:

1. Plus: Machen Sie ein Häkchen hinter die Lösung, die Sie grundsätzlich in Ihr neues Leben einfließen lassen möchten.
2. Minus: Streichen Sie die Lösungen, die per se nicht für Sie infrage kommen. Seien Sie jedoch nicht zu voreilig, denn es gibt noch eine dritte, sehr wichtige und Erfolg versprechende Möglichkeit:

3. Weiterentwickeln: Machen Sie ein Fragezeichen hinter die Lösung, die Ihnen grundsätzlich gut gefällt, bei der Sie allerdings nicht wissen, wie Sie sie umsetzen sollen, weil sie Ihnen unrealistisch, zu kostspielig, zu verwegen erscheint.

Diese mit einem Fragezeichen markierten Lösungen entwickeln wir jetzt weiter. Dazu zwei Beispiele, um den Ansatz dieser Weiterentwicklung zu veranschaulichen:

Alex ist grundsätzlich von seiner Ursprungsidee sehr angetan, seinen Chef Peter zu verprügeln; er hat einen guten gefühlsmäßigen Zugang zu dieser Lösung.
  Gemessen an den drohenden Konsequenzen bugsiert er diese Lösung jedoch vorsichtshalber in Kategorie 3. Er lässt sich von diesem Ansatz inspirieren und kommt auf folgende weiterentwickelte, realistischere Lösungen:

a) Aussprache mit dem Chef,
b) gegebenenfalls in Anwesenheit von dessen Vorgesetzten,
c) wenn alles nichts fruchtet, dann Peter notfalls eins reinwürgen und intrigieren.

Auch seine Idee, seine Freundin Lisa einer Gehirnwäsche zu unterziehen, amüsiert ihn regelrecht. Da er sich jedoch an seiner Seite eine autonome Frau mit eigenem Kopf wünscht, gelangt auch dieser Ansatz in Kategorie 3 und wird weiterentwickelt:

a) intensive Gespräche führen,
b) Paartherapie,
c) gemeinsamer Urlaub, um die Beziehungsqualität zu testen,
d) sich mal (möglichst unauffällig) mit Lisas bester Freundin austauschen und einiges über Lisa herausfinden.

Sie sehen: Es gibt viele Lösungen, die auf den ersten Blick durchs Raster fallen, weil wir denken „das geht eh nicht", „viel zu teuer",

„verboten" oder „gefährlich". Auf den zweiten Blick, in der Weiterentwicklung, zeigt sich: Hier was gedreht, da ein bisschen verändert – und schon ergibt sich ein außergewöhnlicher und vor allem zielführender Ansatz! Lassen Sie sich keinesfalls vom „zwanghaften" Alltagsdenken ins Bockshorn jagen. Mit Verlaub: Wenn diese Art des Denkens Sie zu Ihren Herzenswünschen geleitet hätte, dann säßen Sie jetzt nicht hier mit diesem Buch in den Händen.

Schauen wir gemeinsam, welche Lösung Christine für sich zusammengestellt hat.

Die Familie verkauft innerhalb des nächsten Jahres das Haus im Grünen. Gemeinsam mit ihrem Mann Matthias und ihrem Sohn Jochen zieht sie in eine kleinere und pflegeleichte Mietwohnung. Ihre Tochter Lena sucht sich ein eigenes Appartement, ihre Eltern unterstützen sie dabei. Vorher sprechen sich Christine und Lena gründlich aus, um den gemeinsam verbrachten Lebensabschnitt würdig in eine neue Phase übergehen zu lassen. Gegebenenfalls schalten die beiden einen Mediator/Vermittler ein. Den Erlös aus dem Eigenheimverkauf investieren Christine und ihr Mann innerhalb der nächsten zehn Jahre in eine beschauliche Immobilie an der Ostsee, wo sie ihren Altersruhesitz planen. Sie verbringen die nächsten Jahre so viel Zeit wie möglich dort, um eine geeignete neue Heimat zu finden.

Mit Mitte 50 verkauft Matthias seine Zahnarztpraxis und setzt sich zur Ruhe. Bis dahin arbeitet Christine ebenfalls. Sie erstattet dem Krankenhaus anteilig nach Zeit die Ausbildungskosten zur Qualitätsmanagementbeauftragten in Höhe von 2.800 Euro und „kauft" sich von dieser Tätigkeit frei. Sie geht mit ihren 50 Prozent Beschäftigung wieder komplett in die Pflege zurück. So kann sie die Geringschätzung und den Widerstand der Kolleginnen und Kollegen gegen die Qualitätsmanagementaufgaben umgehen. Gleichzeitig erfährt Sie im direkten Patientenkontakt wieder mehr Nähe und Anerkennung.

Um auch in der Familie mehr Anerkennung und Wertschätzung zu erfahren, dokumentiert sie gegenüber ihrem Mann den Aufwand im Haushalt. Sie bietet ihm an, dass sie sich notfalls aus ihren beiden Einkommen eine Haushilfe leisten. Christine kümmert sich dann intensiver um die schulische Betreuung von Jochen, um ihm einen guten Weg in die Eigenständigkeit zu bahnen. Als Gegenleistung erbittet sie von ihrem Sohn stärkere Unterstützung in Alltagsangelegenheiten.

Bei ihrer guten Freundin Karin entschuldigt sich Christine dafür, dass sie in letzter Zeit die Freundschaft „vernachlässigt" hat. Sie erklärt ihr die Gesamtsituation vor dem Hintergrund der Coachingergebnisse. Sie reserviert einen festen Abend wöchentlich für den Sport. Danach hält sie sich frei, damit die beiden Freundinnen noch einen Happen zusammen essen und sich noch ein Kaltgetränk gönnen können. Ferner plant sie mindestens einen Samstag pro Monat mit Karin ein, an dem die beiden unter sich sind und einen Ausflug oder eine kleine Reise unternehmen.

Alex kommt zu folgendem Lebenskonzept: Grundsätzlich hält er an seinem Ursprungsplan fest, die nächsten zwei bis drei Jahre seine Karriere massiv voranzubringen. Dazu führt er zunächst ein klärendes Gespräch mit Peter, gegebenenfalls auch in Anwesenheit von dessen Vorgesetzten. Sollte diese Strategie nicht fruchten, dann behält er sich notfalls Intrigen vor. Um die Kraft für die Arbeit und die damit verbundene Anerkennung und Wertschätzung zurückzugewinnen, trinkt Alex nur noch am Wochenende Alkohol. Ferner geht er zweimal wöchentlich morgens vor der Arbeit joggen und am Samstagvormittag ins Fitnessstudio um die Ecke. Mit Lisa führt er klärende Gespräche über ihre Beziehung und die Zukunftsplanung. Er sagt ihr zu, nach seinem Absprung aus der Unternehmensberatung in die Industrie gerne Vater werden zu wollen. Er bittet um zwei bis drei Jahre Geduld, da er als Vater finanzielle Sicherheit und einen gewissen Wohlstand bieten möchte. Je nachdem, wie die Gespräche verlaufen, nehmen die beiden eine Paartherapie in Anspruch.

Ferner verbringen Alex und Lisa einen gemeinsamen vierwöchigen Urlaub in Frankreich, um zu testen, wie nahe sie sich noch sind und wie sie gemeinsam zurechtkommen. Für die letzte Ferienwoche laden sie Alex' Eltern ein, um die Familienqualität zu stärken. Alex koordiniert seine Projekte so, dass er es regelmäßig zweimal monatlich schafft, seine Eltern in Hamburg zu besuchen. Als Vorgeschmack auf einen Hund schaffen sich Alex und Lisa eine Katze aus dem Tierheim an, die selbstständiger ist und gleichzeitig Lisa während der Woche abends, wenn Alex im Hotel ist, Gesellschaft und Nähe spendet. Alex und Lisa reaktivieren ihren gemeinsamen Freundeskreis an einem Wochenende monatlich, die anderen Wochenenden verbringen sie ausdrücklich als Paar. Alex will seine Beziehung mit Lisa fortsetzen, er ist aber notfalls bereit, sich zu trennen, wenn seine Lösungsansätze nicht aufgehen. Er beginnt, auf seinen ersehnten Porsche zu sparen.

Ihr Leben – ganz nach Ihrem Geschmack

Auf Seite 145 hatten Sie Ihr Jetzt-Bild erschaffen. Nun ist es an der Zeit, die Vergangenheit endlich auch Vergangenheit sein zu lassen. Jetzt geht es um Ihr Ziel-Bild:

Ihr Ziel-Bild

Schnappen Sie sich erneut Ihre kreativen Materialien, Karten, Stifte und so weiter. Gehen Sie wieder an Ihren Tisch oder auf den Boden zurück und sorgen Sie dafür, dass Sie sich ungestört ausbreiten können.

Gleichen Sie Ihr ursprüngliches Jetzt-Bild mit den neuen Lösungen ab. Übernehmen Sie die Bereiche und Aspekte, die so bleiben können oder sollen wie bisher. Im Anschluss verschieben und verändern und, vor allem, ergänzen Sie. Um all die neuartigen Ansätze, die Sie im Lauf unserer gemeinsamen Zusammenarbeit für sich entdeckt haben. Berücksichtigen Sie dabei nach wie vor:

- Ihren Beruf/Ihre Firma und die jeweils betreffenden Personen: Chef, Kolleginnen, Kunden,
- Ihre Partnerschaft, Ehe, Liebschaften,
- gegebenenfalls Ihre Kinder,
- Ihre eigene Familie und/oder Ihre Schwiegerfamilie,
- Ihre Hobbys, Leidenschaften, Freizeitbeschäftigungen und die jeweils betreffenden Personen,

- Ihren Freundes- und Bekanntenkreis,
- alles, was sonst noch in Ihrem zukünftigen Leben eine Rolle spielt: Vereine, Ehrenämter ...

Legen Sie sich erneut die Karten, sodass die Anordnung den Beziehungen zwischen den Lebensbereichen und Personen entspricht. Inwieweit ist alles treffend benannt und stimmen die Verhältnisse? Seien Sie bitte so konkret wie möglich.

Auf der nächsten Seite sehen Sie, welche Bilder Christine und Alex jeweils für sich entwickelt haben.

Und jetzt trennen Sie im Wesentlichen nur noch zwei Schritte von Ihrem neuen Leben.

Erstens und ganz wichtig:

- Prüfen Sie, wie gut Ihre Lösung funktioniert. Dazu dient jetzt Ihr Bedürfniskatalog. Vergegenwärtigen Sie sich Ihr neues Leben und prüfen Sie, inwieweit Ihre Bedürfnisse auch wirklich befriedigt sind.
- Machen Sie entsprechend ein Häkchen im Katalog.
- Stellen Sie fest, dass bestimmte Bedürfnisse noch nicht so stark abgedeckt sind, wie Sie es sich wünschen, dann drehen Sie eine kleine Schleife.
- Reflektieren Sie grundsätzliche Möglichkeiten der Bedürfnisbefriedigung und wiederholen Sie die Schritte von Seite 192.

Christine fällt anhand ihres Kataloges zum Beispiel auf, dass sie ihr Bedürfnis nach Spiritualität noch stärker leben möchte: Sie hat die Idee, sich mit ihrer Freundin Karin für ein Wochenende in ein Kloster zurückzuziehen, um zu schauen, was das mit ihr macht.

Seien Sie ruhig akribisch, auch wenn es kleinteilig erscheinen mag. Gerechnet auf die nächsten Jahre und Jahrzehnte Ihres zufriedenen und glücklichen Lebens ist dieser Aufwand mikroskopisch.

Ziel-Bilder Christine und Alex

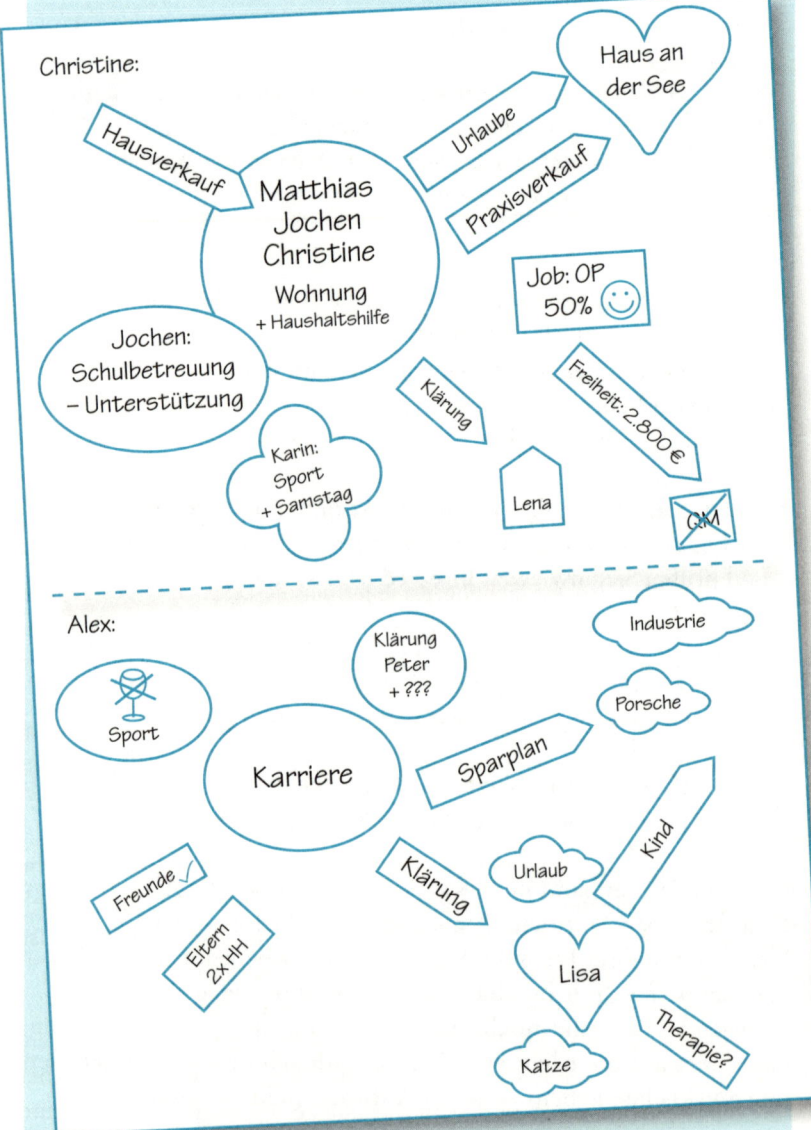

Christine:

Hausverkauf

Matthias
Jochen
Christine
Wohnung
+ Haushaltshilfe

Urlaube

Haus an
der See

Praxisverkauf

Job: OP
50% ☺

Jochen:
Schulbetreuung
– Unterstützung

Karin:
Sport
+ Samstag

Klärung

Freiheit: 2.800 €

Lena

GM

Alex:

Sport

Klärung
Peter
+ ???

Industrie

Porsche

Karriere

Sparplan

Freunde ✓

Klärung

Urlaub

Kind

Eltern
2x HH

Lisa

Katze

Therapie?

Zweitens: Formulieren Sie Ihre Lösung SMART:

Das SMART-Modell

Spezifisch	Was wäre konkret in dem Film zu sehen, wenn Szenen Ihres neuen Lebens gefilmt würden?
Messbar	Mit welchen Kriterien kann die Zielerreichung gemessen werden?
Attraktiv	Wie lässt es sich positiv und ohne Verneinungen formulieren?
Realistisch	Inwieweit liegt das Ziel im Rahmen Ihrer eigenen Handlungsmöglichkeiten?
Terminiert	Wann wird was von wem gemacht?

Ein smartes Beispiel aus Christines neuem Leben zur Verdeutlichung: „Morgen um 15 Uhr reserviere ich einen Tisch für kommenden Mittwochabend um 19 Uhr bei unserem Lieblingsitaliener um die Ecke. Dort besprechen Matthias und ich den Hausverkauf. Im Einzelnen sind zu klären: Preisvorstellung, Einschalten eines Maklers, frühestmöglicher Verkaufstermin. Die Aufgaben werden zwischen uns beiden verteilt."

Ein smartes Beispiel aus Alex' neuem Leben: „Jeden zweiten Samstag im Monat fahre ich vor 9 Uhr mit meinem Auto zu meinen Eltern nach Hamburg."

Sie haben jetzt eine smarte Liste mit all Ihren Teillösungsansätzen, die sich zu Ihrem neuen Gesamtleben zusammenfügen, und eine visuell aufbereitete Version in Form Ihres Ziel-Bildes, das Sie möglicherweise vor dem Hintergrund der SMART-Liste final aktualisieren können.

Schießen Sie jetzt Ihr „Ziel-Foto" Ihres neuen Lebens.

Selbst so kurz vor Schluss kann es dabei immer noch passieren, dass sich Ihr Unterbewusstsein querstellt. Wir sprachen bereits über die „lieb gewonnenen" und Sicherheit suggerierenden „Zwangs- und

Konfliktstrukturen". Sollten Ihnen plötzlich Zweifel kommen, Sie Gedanken haben wie „Das funktioniert doch sowieso nicht!" oder Ähnliches – dann studieren Sie Ihren Worst Case von Seite 129. Erinnern Sie sich immer daran, wie Sie *keinesfalls* möchten, dass es kommt. Fragen Sie sich: „Wer sagt denn, dass XY nicht geht?" Gehen Sie nochmals in den ersten Buchteil zurück. Vergegenwärtigen Sie sich noch einmal, wie absurd unser von Zwängen dominiertes Leben ist. Überlegen Sie sich: „Was wäre das Schlimmste, das passieren kann, wenn ich statt A einfach mal B ausprobiere?" Prüfen Sie auch Ihre Vergangenheit: „Wie erfolgreich waren meine bisherigen Strategien?" Dann machen Sie weiter.

WO DER WIDERSTAND IST, IST DER WEG!

Wo der Widerstand ist, ist der Weg!

ZWÖLF

... acht, neun, zehn – ich komme!

Wie Sie Ihr neues Leben aus der Reserve locken

Wenn Sie ehrlich sind, dann war Ihr neues Leben immer schon da. Es steckte als Ressource tief in Ihnen. Sie waren sich dessen nur nicht unbedingt bewusst.

Sie haben sich alles selbst erarbeitet, als Experte für Ihre Inhalte. Wir haben Sie lediglich strukturell begleitet, als Experten für den Prozess.

Alle Informationen, die Sie analysiert, neu konfiguriert und in Ihr stimmiges Gesamtbild transformiert haben – sie kamen aus Ihrem Inneren, aus Ihrem Langzeitgedächtnis, aus Ihrem Unterbewusstsein. Ihr neues Leben hatte sich sozusagen „nur" vor Ihnen versteckt. Jetzt geht es darum, wie Sie jedes noch so kleine Detail aus seinem Versteck locken: wie Sie Ihren Übergang in Ihren neuen Lebensabschnitt ganz gezielt anbahnen, gegebenenfalls kleinteilig vorstrukturieren. Dabei hilft Ihnen die folgende Skalierungsübung:

> **SIE HABEN SICH ALLES SELBST ERARBEITET, ALS EXPERTE FÜR IHRE INHALTE. WIR HABEN SIE LEDIGLICH BEGLEITET.**

Skalierung

Auf einer Skala – betrachten Sie Ihren Jetzt-Zustand als 1, Ihren Ziel-Zustand als 10:

$$\text{Jetzt} = 1 - 2 - 3 - 4 - 5 - 6 - 7 - 8 - 9 - 10 = \text{Ziel}$$

Fragen Sie sich zum Beispiel:

- „Angenommen, ich bin *jetzt* bei 2 angekommen – was habe ich *damals* getan, um mich von 1 weiterzuentwickeln?" oder
- „Ich bin jetzt bei 5 – welche Schritte kann ich einleiten, um auf 6 zu gelangen?"

Die genauen Fragen können Sie Ihren Inhalten und Ihrer jeweiligen Lebenssituation anpassen. Der Trick besteht darin, dass Sie Ihr neues und komplexes Gesamtlebensbild in kleine Einheiten zerlegen und das Pferd von hinten aufzäumen. Sie können eine sogenannte Rückwärtsanalyse betreiben: „Wenn ich in einem Jahr bei 10 bin – wie genau sieht dann die 5 in einem halben Jahr aus?"

Diese Methode stammt aus der Psychologie des kreativen Problemlösens. Wichtig ist, dass Sie Ihr Endziel in viele kleine Zwischenziele zergliedern. So behalten Sie stets den Überblick, können gegebenenfalls Ihren Kurs korrigieren und motivieren sich. Denn das Erreichen Ihrer Zwischenziele können Sie regelmäßig abhaken. Denken Sie an die Selbstwirksamkeitserfahrungen zurück. Dann können Sie sich sagen „Das und das habe *ich* jetzt erreicht!"

Wir empfehlen Ihnen, sich unbedingt für dieses Erreichen auch zu belohnen. Diese Technik wiederum stammt aus der Lernpsychologie und heißt „Konditionierung". Wenn Sie etwas aus Ihrem neuen Lebensplan umgesetzt, sich richtig Mühe gegeben und schöne Effekte erzielt haben – dann würdigen Sie dies und Ihr Engagement und konditionieren sich selbst. Belohnen Sie sich, gönnen Sie sich etwas, tun

Sie sich etwas Gutes. Das führt in Zukunft dazu, dass Sie sich noch lieber und noch stärker engagieren und die Dinge noch viel motivierter voranbringen.

Von unserer „Musterklientin" Christine zum Beispiel wissen wir inzwischen, dass sie sich und ihre Tochter Lena nach ihrer erfolgreichen Aussprache mit einem Mutter-Tochter-Trip nach London belohnt – und damit: konditioniert – hat.

Auch hier gilt: Ihrer Fantasie sind keine Grenzen gesetzt. Und Sie können sogar noch mehr Kräfte in sich aus dem Versteck locken:

Ich sehe was, was du (noch) nicht siehst – die Kraft der Visualisierung

Jetzt, wo sich unsere Zusammenarbeit einem vorläufigen Ende nähert, machen wir Sie mit einer weiteren, höchst effektiven Methode vertraut. Sie ist in der Praxis sehr bewährt und unterstützt Sie dabei, Ihre inzwischen ganz konkreten Vorsätze umzusetzen, Ihre Wünsche wahr werden zu lassen. Es handelt sich um die Visualisierung. Wir pflegen auf besondere Weise ein ganz konkretes Bild unseres neuen Lebens.

Visualisierung

Malen Sie sich dazu Ihre obigen smarten Lösungen ganz konkret aus: mit allen Details, in allen Farben, mit allen dazugehörigen Gerüchen… Stellen Sie sich eine virtuelle Welt vor, in der all das bereits umgesetzt ist, was Sie sich wünschen, was Sie jetzt planen. In der alles, was Ihnen wichtig ist, was Sie bewegt, bereits in vollendeter Form existiert. Seien Sie kreativ, denken Sie in großen Dimensionen und lassen Sie Ihrer Fantasie freien Lauf. Wir wissen ja inzwischen, weshalb wir manchmal so gehemmt sind, uns auf unsere Wünsche einzulassen. Jetzt genießen Sie von Herzen alle Freiheiten – tauchen Sie ein in Ihr neues, wundervolles Leben!

Dieses Bild Ihres eigenen Lebens setzen Sie zweimal täglich in ritualisierter Form ein, und zwar abends vor dem Einschlafen und morgens vor dem Aufstehen. Wandern Sie für einen kurzen Moment durch die Landschaft Ihrer Vision: Schauen Sie sich um, nehmen Sie alles genau unter die Lupe und achten Sie auf Ihr Wohlgefühl, das Sie währenddessen durchströmt.

Wir wollen Ihnen hier natürlich keinen Hokuspokus andrehen, und erneut geht es nicht darum, das Universum gnädig zu stimmen. Wir stimmen lediglich das Unterbewusstsein auf den Wandel ein. Einerseits, um ihm die Angst vor dem Neuen, dem Unbekannten zu nehmen, andererseits, um bereits abgespeicherte Handlungsinformationen, vorhandene Ressourcen abzurufen. Unser Unterbewusstsein ist eine hochsensible Systemkomponente, die großen Einfluss auf unser bewusstes Leben ausübt. Da müssen wir mit allen Wassern gewaschen sein.

In der Wissenschaft sprechen wir auch von „Priming", der Voraktivierung von Gedächtnisinhalten. Besonders bekannt geworden sind in diesem Zusammenhang Werbeexperimente: Werden Botschaften („Kauft Kitz & Tusch!") unterschwellig zum Beispiel in Filmen versteckt, so steigen tatsächlich die Absatzzahlen der entsprechenden Produkte.

So ähnlich können wir unseren Visualisierungsprozess auch verstehen: Unser Unterbewusstsein beziehungsweise die unbewusst im Langzeitgedächtnis gespeicherten Inhalte werden aktiviert. Treffen wir dann im Alltag auf Umsetzungsmöglichkeiten, auf hilfreiche und zielführende Informationen, dann werden uns diese rascher, manchmal teilweise auch überhaupt erst bewusst. Wir können dann zugreifen und sie nutzen.

Nur Mut… zur Muße.
Wie uns die Langsamkeit schnell
ein schönes Leben beschert

Damit Sie nachhaltig von den bereits begonnenen Veränderungen profitieren können, ist es wichtig, dass Ihr gesamtes System (Leben) mit allen Sub-Systemen (Familie, Firma, Freundeskreis) Ihrer Entwicklung folgen und sich entsprechend mitentwickeln kann. Sonst kann der Schuss ganz schnell nach hinten losgehen – dann gibt es nämlich neue Konflikte. Nehmen Sie sich daher Zeit für Veränderungen in einem umfassenden Sinne: im Umgang mit sich selbst, Ihren Mitmenschen und Ihrer Umwelt. Eine solche Langsamkeit zeigt Wesensmerkmale der Faulheit und Muße – allerdings ohne wie diese negativ besetzt zu sein!

Natürlich können wir gut verstehen, dass Sie jetzt so richtig loslegen wollen, nachdem alles für den Wandel vorbereitet ist. Und wissen Sie was? Manchmal ist langsamer schneller. Wenn wir schnell machen, Druck haben, dann kann es passieren, dass uns zum Beispiel Flüchtigkeitsfehler unterlaufen. Und obwohl wir besonders schnell gearbeitet, die Dinge erledigt haben, brauchen wir am Ende doch länger, doch mehr Zeit. Weil wir „gezwungen" sind, Fehler auszubügeln.

Hier steuern gezielt die verschiedenen Formen der Entspannung gegen. Natürlich benötigen wir zusätzliche Zeit, um zu entspannen: länger schlafen, vielleicht eine Mittagsruhe machen, Autogenes Training, Progressive Muskel-Relaxation oder eine Tiefenentspannung einschieben. Doch gleichzeitig sparen wir mehr Zeit, als wir investieren. Wir arbeiten konzentrierter, gründlicher, fehlerfreier. Und gleichzeitig angenehmer – für uns selbst und auch für unsere Mitmenschen. Der ursprüngliche Zeiteinsatz rechnet sich nachträglich mehrfach!

Zu all den Zwängen, die wir nun endlich abgeschafft haben, soll nicht ein weiterer, ganz neuer Zwang hinzutreten: der Umsetzungszwang.

Gehen Sie daher bedächtig vor. Über-prüfen Sie die einzelnen Schritte, die Sie gehen.

Wenn Sie ein kleines Rädchen im Sys-tem verstellen, dann verstellen sich die anderen automatisch mit. Seien Sie be-sonders achtsam und registrieren auch die „Nebenwirkungen" Ihrer Handlungen. Diese betreffen Ihre Partnerschaft, Ihre Fami-lie genauso wie die Entwicklungen im Job, im Kollegenkreis. Und weil der Mensch ein „Gewohnheitstier" ist und sich dank seines Unterbewusstseins lieber nicht so schnell verändert, brauchen wir Geduld. Geduld mit uns selbst. Geduld mit unseren Mitmenschen.

So reden Sie nicht länger um den heißen Brei herum

Wir können nie die anderen verändern, unseren Partner, unsere Kollegen – nicht einmal unsere eigenen Kinder. Oder wann haben Sie zuletzt Ihren Chef verändert? Wir dürfen immer bei uns selbst beginnen. Das haben wir getan.

Wenn wir uns selbst, als kleines Räd-chen in einem großen Machwerk, dre-hen, dann drehen sich die anderen au-tomatisch mit.

Unsere Mitmenschen verändern sich indirekt durch unsere Aktivität. Toll!

Natürlich finden Veränderungen nicht klammheimlich, so mir nichts, dir nichts, hinter jemandes Rücken statt. In vielen Fällen ist es erforderlich, unsere Mitmenschen zu informieren, zu in-struieren… Dafür geben wir Ihnen noch ein in der Praxis sehr er-probtes Mittel an die Hand: die sogenannte Ich-Botschaft. Diese besondere Art der gewaltfreien Kommunikation haben wir bereits in unserem *Frustjobkillerbuch* ausführlich beschrieben. Wir fokussieren in diesem Kontext einen besonderen Aspekt, die Bedürfnisse, die ja hier unser Thema sind. Die Ich-Botschaft des berühmten Konflikt- und Kommunikationsforschers Marshall B. Rosenberg besteht aus folgenden vier Teilen:

Die Ich-Botschaft

1. Beobachtung:
   „Wenn ich _____ sehe/bemerke/feststelle, ...“
   Bitte formulieren Sie eine reine Beschreibung, möglichst konkret, neutral, präzise, messbar – ohne Bewertung.
2. Gefühl:
   „dann fühle ich mich _____, ...“
   Ein Gefühl ist etwas, das tief in Ihnen drin ist, für das Sie die Verantwortung übernehmen können.
3. Bedürfnis:
   „weil ich das Bedürfnis nach _____ habe ...“
   Mit den Bedürfnissen kennen Sie sich jetzt ja selbst am besten aus!
4. Wunsch:
   „und ich bitte dich, tue/lasse/mache _____.
   Je konkreter Ihr Wunsch formuliert ist, desto leichter kann ihn Ihr Gegenüber erfüllen – achten Sie darauf, dass es sich um eine echte Bitte und nicht um eine versteckte Forderung handelt.

Christine zum Beispiel neigte früher dazu zu sagen: „Verdammt, Matthias, du nervst mit deinem Gemotze – ich bin alt genug und weiß selber, wann ich was wie im Haushalt zu machen habe!"

Raten Sie mal, wie Matthias in solchen Situationen reagierte? Genau: mit Gegenvorwürfen, wie zum Beispiel: „Das weißt du anscheinend nicht, sonst sähe es hier nicht aus wie bei Hempels unterm Sofa."

Und schwupps, hatten sich die beiden in der Eskalationsspirale eine weitere Stufe nach oben geschraubt. Was Christine früher sandte, war eine klassische Du-Botschaft. Du-Botschaften empfindet unser Gegenüber als Angriff, als Vorwurf. Und wie reagieren Menschen auf Angriffe und Vorwürfe? Mit Gegenangriffen und Gegenvorwürfen. Und damit kommt niemand weiter. Patt!

Heute hat Christine alternative Möglichkeiten der Kommunikation zur Hand: „Wenn ich nach einem Spätdienst noch zwei Stunden im Bad hocke und die Fugen reinige, du kommst ohne Gruß heim und sagst wortwörtlich ‚Schweinestall hier' *(Beobachtung)*, dann bin ich frustriert und enttäuscht *(Gefühl)*, denn ich habe das Bedürfnis nach Anerkennung und Wertschätzung meiner Leistungen *(Bedürfnis)*, und ich bitte dich, lass uns heute Abend lieber gemeinsam überlegen, wie wir den Haushalt besser in den Griff kriegen *(Wunsch)*."

Die Vorteile dieser Art der Kommunikation liegen auf der Hand:

- Durch die reine Beobachtung laufen wir nicht Gefahr, zu verallgemeinern und uns dann Gegenangriffen auszusetzen;
- die Benennung des echten Gefühls führt dazu, dass unser Gegenüber uns dieses Gefühl nicht nehmen kann;
- das Bedürfnis macht unserem Gegenüber die momentane Lage klar und ruft Verständnis hervor;
- dieses Verständnis wiederum erleichtert es unserem Gegenüber, unseren konkreten Wunsch auch zu erfüllen – und, ganz wichtig:
- wir verletzen niemanden und tun niemandem Unrecht!

Gerade die Benennung des Bedürfnisses schafft beim Gegenüber Klarheit – die ja für sich genommen selbst wiederum ein Bedürfnis ist. Erst wenn Menschen Klarheit verspüren, Dinge verstehen, nachvollziehen können, dann sind sie bereit, sich einzulassen, auf den anderen zuzugehen. Die Ich-Botschaft ist somit eine Einladung an unser Gegenüber, sich für einen Moment auf unsere Wahrnehmung der Dinge einzulassen, ein Stück weit in unsere Welt einzutauchen, unsere Bedürfnisse kennen zu lernen. Und da diese Bedürfnisse ja den Kern Ihres neuen, freien, wahren Lebens ausmachen, können Sie Ihr Gegenüber nicht oft genug in Ihre subjektive Welt einladen!

Liebe dich selbst –
und es kommt besser, als du denkst

Die letzten 200 Seiten waren Seiten des Wandels. Wir haben alle Arten von Zwängen kennen gelernt; wir haben analysiert, wie sie sich aus dem beruflichen Kontext zunehmend in unser sonstiges Leben schleichen. Wir haben aber auch die Vorteile dieser Zwänge erkannt – dass sie uns eine Struktur und damit Sicherheit spenden. Über Ihr Jetzt-Bild konnten wir Ihre Rollen beziehungsweise Ihre inneren Streithähne identifizieren. Unser neues, positives Konfliktverständnis im Sinne von Entwicklungschance ermöglichte es uns, auf die tiefer liegenden Ebenen, die Bedürfnisse, zu gelangen. Die Bedürfnisse der verschiedenen Rollen kompensieren sich inzwischen wechselseitig, und Sie haben konkrete Punkte zur baldigen Umsetzung formuliert.

Einen wesentlichen Punkt – genau genommen: den wesentlichsten Punkt – möchten wir Ihnen gerne zum Abschluss mit auf den Weg geben:

Was wir hier besprochen, was wir hier geschaffen haben, ist umso wirkungsvoller, je mehr Sie etwas Bestimmtes zulassen können: *Selbstliebe.*

Wie gerne sehen Sie sich im Spiegel? Wie fühlen Sie sich dabei? Nicht wenige Menschen tun sich schwer damit. Das hat zu tun mit mehr oder weniger ausgeprägter Selbstliebe. Diese Selbstliebe ist eng verwandt mit Selbstbewusstsein und Selbstvertrauen. Es geht hier nicht um Egoismus oder Narzissmus, sondern darum, dass wir uns wohl in unserer Haut fühlen, in der Lage und bereit sind, uns Dinge zu verzeihen, dass wir gnädig mit uns sind und uns wertschätzend im Spiegel betrachten. Unsere Selbstliebe wandelt sich ständig. Mal ist sie stärker, mal schwächer ausgeprägt. Ihre Stärke hängt im

> **WAS WIR BESPROCHEN HABEN, IST UMSO WIRKUNGSVOLLER, JE MEHR SIE ETWAS BESTIMMTES ZULASSEN KÖNNEN: *SELBSTLIEBE.***

Wesentlichen davon ab, wie gut wir uns selbst kennen. Die vorangegangenen Kapitel haben ihren Teil dazu beigetragen, dass Sie sich selbst, Ihrem Inneren, wieder eine gehörige Portion näher gekommen sind.

Auch das bedeutet natürlich – wie alles im Leben – ein Stück weit „Arbeit". Aber: Wir trennen die Arbeit ja inzwischen nicht mehr von den „anderen" Bereichen. Darüber hinaus macht diese Art von Arbeit Spaß und wird immer belohnt – denn je selbstbewusster wir sind, je mehr wir uns selbst annehmen und lieben können, desto leichter geht uns dann im Leben alles von der Hand!

Wenn wir mit uns ringen, im Unreinen sind, dann brauchen wir wahnsinnig viel Energie für alles. Diese Energie steht uns dann nicht mehr für erfolgreiches Handeln zur Verfügung. Und gerade jetzt, nach unserem gemeinsamen Prozess, zählen die nächsten Handlungsschritte so sehr. Lieben wir uns selbst, dann haben wir immer genug Energie, unsere Ziele zu verwirklichen. Wir sind erfolgreich. Damit setzt die Liebe, die Selbstliebe, einen „Engelskreis" in Gang: Je „verliebter" wir sind, desto besser gelingen uns die Dinge. Wir erfahren die schon häufig zitierte Selbstwirksamkeit. Je mehr uns gelingt, je erfolgreicher wir sind, desto selbstbewusster werden wir, desto stärker können wir uns lieben. Und so weiter und so fort …

SELBST-LIEBE IST UNSER GEBURTS-RECHT!

Selbstliebe ist unser Geburtsrecht! Sie ist für jeden von uns von Natur aus so selbstverständlich wie die Luft zum Atmen. Sie ist unser Fundament.

Deshalb können wir sie grundsätzlich auch wiedererwecken, selbst wenn sie im Lauf der Zeit verloren gegangen ist. Aus eigenem Antrieb. Sie kann sehr schnell wachsen. Sie bemerken es daran, dass sich Ihre Ausstrahlung verbessert, Sie sich wohler in Ihrer Haut fühlen, mutiger werden, tiefer und ruhiger atmen. Sie können sich selbst im Spiegel betrachten, lächeln und sich aus tiefstem Herzen selbst loben. Wichtig ist in diesem Zusammenhang eine Aussöhnung.

Ab die Post – wie Sie mit sich und der Welt ins Reine kommen

Über das Thema Verzeihen haben wir bereits gesprochen. Wir hatten Ihnen unter anderem vorgeschlagen, einen versöhnlichen Brief zu schreiben. Sie können noch mehr tun: zum Beispiel einen „Liebesbrief" an sich selbst verfassen.

Der Liebesbrief

Nehmen Sie sich gezielt einen Moment Zeit. Achten Sie darauf, dass Sie alle „Störquellen" ausschalten. Sie können sich bewusst einen gemütlichen Abend machen, gehen Sie in die freie Natur, an einen angenehmen Ort, setzen Sie sich mit einem schönen Getränk hin. Tun Sie das, wonach Ihnen der Sinn steht, womit Sie sich verwöhnen können. Wer wüsste das besser als Sie selbst?

Greifen Sie dann zu einem Stift, mit dem Sie gerne schreiben, nehmen Sie schönes Papier zur Hand. Schließen Sie für eine Weile die Augen und betrachten Sie sich selbst vor Ihrem inneren Auge.

Dann stellen Sie sich vor, Sie selbst wären zum Beispiel Ihr bester Freund oder Ihr Partner. Beginnen Sie vielleicht so:

„Liebe/r _____!
Wir kennen uns nun schon seit so vielen Jahren. Leider beschäftigen wir uns viel zu selten miteinander. Ab heute ändere ich dies ganz bewusst, indem ich dir schreibe, was ich so besonders an dir mag..."

Schreiben Sie dann etwas zu Ihren positiven Eigenschaften, zu Ihren Fähigkeiten. Sie können auch etwas zu schönen Ereignissen schreiben oder zu Situationen, in denen Sie mächtig stolz auf sich waren. Bedanken Sie sich bei sich und grüßen Sie sich recht herzlich!

Sie können den Brief natürlich auch an sich selbst per E-Mail senden. Oder Sie adressieren ihn an sich und geben ihn in die Post. Sie können auch eine vertraute Person mit ins Boot holen. Es ist gar nicht nötig, die Details vor anderen auszubreiten. Bitten Sie lediglich zum Beispiel eine gute Freundin oder einen guten Freund, Ihnen in drei Wochen den Brief zu schicken. Bis dahin haben Sie nämlich vergessen, dass Sie sich eine Liebeserklärung gemacht haben. Aus der Distanz heraus können Sie dann die Inhalte Ihres Briefes ganz anders reflektieren und emotional auf sich wirken lassen. Sie sind umso überraschter und freuen sich umso mehr.

Schreiben Sie sich ruhig regelmäßig solche Briefe. Das wirkt sich spürbar positiv auf Ihre Selbstliebe aus.

Gerade am Anfang mag Ihnen eine solche Übung vielleicht ein bisschen absonderlich vorkommen.

WIR SIND ES KAUM GEWOHNT, UNS SELBST POSITIVE AUFMERKSAMKEIT ZU SCHENKEN.

Wir sind es kaum gewohnt, uns selbst positive Aufmerksamkeit zu schenken. Eigentlich paradox, denn im Grunde genommen sind wir selbst der wichtigste Mensch in unserem Leben. Und kommen doch immer zu kurz.

Ein solcher Liebesbrief verändert zwar nicht direkt Ihre aktuelle Situation. Ihr eigenes Grundgefühl verbessert sich jedoch massiv. Das wiederum wirkt sich auch positiv nach außen aus.

Spieglein, Spieglein an der Wand, wer liebt sich selbst in diesem Land?

Uns ist bewusst, dass Sie – liebe Leserinnen und Leser – alle unterschiedlich und einzigartig sind. Deshalb legen wir auch so viel Wert darauf, Ihre individuellen Bedürfnisse herauszuarbeiten. Gleichzeitig kann es sein, dass Sie alle einen unterschiedlichen Zugang zu unserer

Arbeitsweise und zu unseren Übungen haben. Deshalb bieten wir Ihnen gerne eine Variante des Liebesbriefes an. Sie können die beiden Übungen alternativ oder natürlich auch gerne in Kombination praktizieren.

Der Liebes-Spiegel

Die folgende Übung können Sie am besten regelmäßig über einige Wochen hinweg praktizieren, danach immer mal wieder. Sie bewirkt wahre Wunder.

Stellen Sie sich ungestört vor einen möglichst großen Spiegel. Bauen Sie sich regelrecht groß davor auf. Stellen Sie sich vor: Sie sind ein Prinz oder eine Prinzessin. Richten Sie sich auf, die Schultern hängen locker, atmen Sie tief und gleichmäßig in den Bauch.

Beginnen Sie ganz sachte, werfen sich ein nettes Lächeln zu – genießen Sie dieses Lächeln für einen Moment. Dann sagen Sie zu Ihrem Spiegelbild schöne und liebevolle Worte, wie „Ich mag dich so, wie du bist", „Ich bin froh, dass ich dich habe" oder „Du bist auf einem guten Weg". Sprechen Sie so eine gewisse Weile weiter, spielen Sie mit Ihrer Stimme, lassen Sie sie zunehmend liebevoller klingen.

Möglicherweise wird auch diese Übung für Sie gerade am Anfang eine Herausforderung sein. Aber wissen Sie was?

Wo der Widerstand ist, ist der Weg!

Diese Übung ist hervorragend geeignet, wenn Sie sich für bestimmte Ereignisse in Topform bringen wollen. Vorstellungsgespräche, Prüfungen, Verhandlungen, Begegnungen mit wichtigen Menschen. Da Sie ja gerade dabei sind, Ihr Leben „umzustricken", kann es durchaus sein, dass in der nächsten Zeit eine solche Einladung auf Sie wartet. Springen Sie über Ihren Schatten, über Ihr Spiegelbild. Nur Mut!

Und noch etwas, nebenbei: Wenn Sie sich erfüllende Liebesbeziehungen wünschen (was ja in Ihrem neuen Lebenskonzept durchaus auch vorkommen kann), dann ist die beste Basis dafür – Selbstliebe!

Ende gut, alles gut!

Dieses Buch war nun für eine Weile Ihr Wegbegleiter. Gemeinsam haben wir eine Reise unternommen: eine Reise aus der Welt der Zwänge – zurück zu Freiheit und Unbeschwertheit, zurück in Ihr wahres Leben!

Sie haben Ihre echten, „inneren" Gefühle, Bedürfnisse und Wünsche für sich wiederentdeckt. Durch diese Konzentration auf Ihren Kern lösen Sie sich von Ihren Rollen und heben gleichzeitig die künstliche und schädliche Trennung der Lebensbereiche wieder auf. Sie werden zur Einheit. Inzwischen *müssen* Sie gar nichts mehr! Von nun an *können* oder *dürfen* Sie nur noch. Nur eine Sache möchten wir Ihnen noch ans Herz legen: Bleiben Sie in Kontakt zu Ihrem inneren Selbst, nehmen Sie sich und Ihre Befindlichkeiten jederzeit sehr ernst. Das ist letztlich *der* Zufriedenheits-, Erfolgs- und damit Glücklichkeitsgarant schlechthin.

Um dies, unseren gesamten Prozess und all Ihre vielversprechenden Vorsätze zu würdigen und zu bekräftigen, können Sie zu guter Letzt ein Ritual durchführen. Ein solches Ritual ist ein nach vorgegebenen Regeln ablaufender feierlich-festlicher Akt mit hohem Symbolgehalt. Ein Ritual schafft emotionale Verbindlichkeit. Selbstverständlich verraten wir Ihnen noch gerne, wie diese bei unseren „Musterklienten" ausgesehen haben.

Christine lässt ihr Jetzt-Bild-Foto auf A1 vergrößern und faltet ein Boot daraus, das sie mit einem Teelicht beladen bei einem Picknick am Fluss mit ihrem Mann dem Wasser übergibt. Das ebenfalls vergrößerte Ziel-Bild-Foto stellt sie als Schiffchen auf die Schlafzimmerkommode. Es erinnert sie beim Einschlafen und Aufwachen daran, dass es sie in ihr neues Leben trägt.

Alex nimmt sich ein Wochenende gezielt frei, mietet einen Porsche und fährt mit seiner Freundin Lisa zu seinen Eltern nach Hamburg. Zu Hause hat er einen Modell-Porsche. Diesen stellt er als Symbol für sein neues Leben auf seinen Schreibtisch und vergegenwärtigt sich so stets seine Ziele.

So, und nun sind wieder Sie an der Reihe – zum letzten Mal.

Das Ritual

Auch für Ihr eigenes Ritual gilt natürlich wieder: Es gibt 1001 Möglichkeiten. Wenn Sie in die konkreten Planungen gehen, können Sie sich bewusst mit unter anderem folgenden Fragen beschäftigen:

- Was genau möchte ich mit meinem Ritual erreichen?
- Wo möchte ich das Ritual durchführen?
- Wen hätte ich gerne dabei und wie lade ich ein?
- Welche Bilder, Metaphern, Symbole möchte ich gerne verwenden?
- Wer leitet das Ritual und wie ist die Dramaturgie?
- Wann genau findet das Ritual statt und wie lange dauert es?
- Wie sind die Rahmenbedingungen: Essen, Trinken, Musik, Gesang, Rede, Gedichte, Sprüche?

Ihrer Kreativität sind keine Grenzen gesetzt. Gestalten Sie alles so, dass es Ihren Wandlungsprozess untermalt. Dass Sie sich von bestimmten Dingen verabschieden, dass Sie andere Dinge willkommen heißen – kurz: so, dass es Ihr neues, Ihr Leben in wahrer Freiheit symbolisiert!

Wir wünschen Ihnen nur das Beste!

Bitte melden Sie sich!

Liebe Leserin, lieber Leser!

Wir danken Ihnen ganz herzlich für die Zusammenarbeit und das damit verbundene Vertrauen, das Sie uns entgegengebracht haben.

Für Ihren neuen Lebensabschnitt wünschen wir Ihnen von Herzen alles Gute!

Natürlich sind wir sehr neugierig und auch gespannt, wie es für Sie weitergegangen ist. Deshalb laden wir Sie herzlich ein, sich jederzeit bei uns zu melden. Sie sind der Experte für Ihr Leben, wir sind die Experten für die Struktur. In diesem Sinne freuen wir uns auf Rückmeldungen aus Ihrem Leben – zumal uns Ihr Feedback immer auch wertvolle Hinweise gibt, wie wir uns und unsere Arbeit weiterentwickeln können.

Wenn Sie sich mit Ihren Erfahrungen an uns wenden möchten, dann schicken Sie uns gerne eine E-Mail: mail@kitz-tusch.com

Herzlichen Dank und die besten Grüße aus Köln!

Dr. Volker Kitz & Dr. Manuel Tusch

www.kitz-tusch.com
www.volkerkitz.com
www.manueltusch.de
www.ifap-koeln.de

Unser Buch hat Ihnen gefallen?

Sie möchten die Kraft unserer Methoden weiter nutzen? Sie möchten selbst aktiv werden? Dann haben Sie drei Möglichkeiten.

- Erleben Sie Kitz & Tusch live – auf ihrer internationalen Tournee. Lassen Sie sich anstecken von einer ganz besonderen Stimmung und kommen Sie mit den Autoren persönlich ins Gespräch. Termine unter www.kitz-tusch.com/de/termine.
- Holen Sie Kitz & Tusch zu sich – in Ihre Organisation, Ihr Unternehmen, Ihre Stadt! Ob Vortrag, Workshop oder Coaching – Kitz & Tusch kümmern sich ganz individuell. Infos unter www.kitz-tusch.com/de/inhouse.
- Werden Sie Buchkritiker! Stellen Sie unsere Bücher anderen Menschen in Ihrem Wohnort vor – bei sich zu Hause, in der örtlichen Bibliothek, in einer Buchhandlung. Der Campus Verlag unterstützt Sie sehr gerne dabei (siehe Anzeige am Ende des Buches).

Ausgewählte Literatur

Abend, Tobias, *Kraftquelle Selbstliebe. Entfalte Deine volle Selbstliebe*, Oer-Erkenschwick 2009

Albers, Markus, *Morgen komm ich später rein: Für mehr Freiheit in der Festanstellung*, Frankfurt/New York 2008

Bandura, Albert, *Lernen am Modell, Ansätze zu einer sozial-kognitiven Lerntheorie*, Stuttgart 1976

Besemer, Christoph, *Mediation: Die Kunst der Vermittlung in Konflikten*, Tübingen 2009

Beyer, Susanne, „Leben im Stand-by-Modus", in: *Der Spiegel*, 29/2010

Blech, Jörg, „Das Gedächtnis des Körpers", in: *Der Spiegel*, 32/2010

Bradshaw, John, *Das Kind in uns. Wie finde ich zu mir selbst*, München 2000

Braig, Axel/Renz, Ulrich, *Die Kunst, weniger zu arbeiten*, Berlin 2001

Brinkmann, Ralf D./Stapf, Kurt H., *Innere Kündigung. Wenn der Job zur Fassade wird*, München 2005

Bundesanstalt für Arbeitsschutz und Arbeitsmedizin, *Sicherheit und Gesundheit bei der Arbeit 2008 – Unfallverhütungsbericht Arbeit*, Dortmund 2010

Burisch, Matthias, *Das Burnout-Syndrom: Theorie der inneren Erschöpfung*, Berlin 2005

Büttner, Julia, „Wenn Arbeiten glücklich macht", www.e-fellows.net, 13. Mai 2008

Chopich, Erika J./Paul, Margaret, *Aussöhnung mit dem inneren Kind*, Berlin 2009

Ciupka, Burkhard, *Zwänge. Hilfe für ein oft verheimlichtes Leiden*, Düsseldorf/Zürich, 2001

Csikszentmihalyi, Mihaly, *Das Flow-Erlebnis. Jenseits von Angst und Langeweile im Tun aufgehen*, Stuttgart 2000

De Bono, Edward, *De Bonos neue Denkschule: kreativer, effektiver arbeiten, mehr erreichen*, München 2002

Ferriss, Timothy, *Die 4-Stunden-Woche: Mehr Zeit, mehr Geld, mehr Leben*, Berlin 2008

Foster, Jack, *Einfälle für alle Fälle. Erfinden, Ausdenken und andere Möglichkeiten, Ideen in die Welt zu setzen*, Frankfurt 2005

Freud, Sigmund, *Vorlesungen zur Einführung in die Psychoanalyse*, Frankfurt 1991

Friebe, Holm/Lobo, Sascha, *Wir nennen es Arbeit, die digitale Boheme oder intelligentes Leben jenseits der Festanstellung*, München 2006

Fritzen, Florentine, *Plus minus 30 … oder die Suche nach dem perfekten Leben*, Düsseldorf 2009

Glasl, Friedrich, *Konfliktmanagement. Ein Handbuch für Führungskräfte, Beraterinnen und Berater*, Stuttgart, 1999

Gross, Werner, … *aber nicht um jeden Preis*, Freiburg 2010

Heide, Holger, *Massenphänomen Arbeitssucht. Historische Hintergründe und aktuelle Entwicklung einer neuen Volkskrankheit*, Bremen 2002

Hodgkinson, Tom, *Die Kunst, frei zu sein. Handbuch für ein schönes Leben*, Berlin 2007

Holzapfel, Nicola, „Land der Milliarden Überstunden", in: *Zeit Online*, 5. März 2008

Hussy, Walter, *Grundriss der Psychologie: Denken und Problemlösen*, Stuttgart 1998

Initiative Neue Qualität der Arbeit, *Was ist gute Arbeit? Anforderungen aus der Sicht von Erwerbstätigen*, Dortmund 2006

Kitz, Volker/Tusch, Manuel, *Das Frustjobkillerbuch. Warum es egal ist, für wen Sie arbeiten*, Frankfurt/New York 2008

Kitz, Volker/Tusch, Manuel, *Ohne Chef ist auch keine Lösung. Wie Sie endlich mit ihm klarkommen*, Frankfurt/New York 2009

Küstenmacher, Werner Tiki/Seiwert, Lothar, *Simplify your Life: Einfacher und glücklicher leben*, Frankfurt/New York 2008

Loll, Anna, „Das versteigerte Praktikum", in: *FAZ.net*, 16. April 2010

Löpfe, Philipp/Vontobel, Werner, *Arbeitswut. Warum es sich nicht lohnt, sich abzuhetzen und gegenseitig die Jobs abzujagen*, Frankfurt/New York, 2008

Ludwig, Udo, „Ritas kleine Helfer", in: *SPIEGEL WISSEN*, 4/2009

Maier, Corinne, *Die Entdeckung der Faulheit. Von der Kunst, bei der Arbeit möglichst wenig zu tun*, München 2005

Maisch, Andreas, „Auch Langeweile im Job kann krank machen", in: *WELT Online*, 11. Dezember 2007

Meißner, Ulrike, *Die „Droge" Arbeit. Unternehmen als „Dealer" und als Risikoträger – personalwirtschaftliche Risiken der Arbeitssucht*, Frankfurt 2005

Montada, Leo/Kals, Elisabeth, *Mediation: Ein Lehrbuch auf psychologischer Grundlage*, Weinheim 2007

Münk, Katharina, *Und morgen bringe ich ihn um! Als Chefsekretärin im Top-Management*, Frankfurt 2006

Murphy, Joseph, *Das Erfolgsbuch. Wie Sie alles im Leben erreichen können*, Berlin 2007

Nienhaus, Lisa, „Das Wunder der Ehrlichkeit", in: *Frankfurter Allgemeine Sonntagszeitung*, 3. August 2008

Opaschowski, Horst, *Einführung in die Freizeitwissenschaft*, Opladen 1994

Peters, Rolf-Herbert, „Ein Tag in Deutschland", in: *stern*, 11/2010

Prahl, Hans-Werner, *Soziologie der Freizeit*, Paderborn 2002

Rauen, Christopher, *Coaching*, Göttingen 2008

Reinker, Susanne, *Rache am Chef. Die unterschätzte Macht der Mitarbeiter*, Berlin 2007

Ressler, Cali/Thompson, Jody, *Bessere Ergebnisse durch selbstbestimmtes Arbeiten. Erfolgreich mit dem ROWE-Konzept*, Frankfurt/New York 2009

Rheinberg, Falko, *Motivation*, Stuttgart 2004

Rogers, Carl R./Pfeiffer, Wolfgang M., *Therapeut und Klient: Grundlagen der Gesprächspsychotherapie*, Frankfurt 1983

Rosenberg, Marshall B., *Gewaltfreie Kommunikation: Eine Sprache des Lebens*, Paderborn 2007

Rothlin, Philippe/Werder, Peter, *Diagnose Boreout. Warum Unterforderung im Job krank macht*, München 2007

Rudzio, Kolja/Uchatius, Wolfgang, „Arbeiten, bis der Arzt kommt", in: *Die Zeit*, 8. Juli 2010

Schader, Peer/Niggemeier, Stefan, „Rette uns, wer kann", in: *Frankfurter Allgemeine Sonntagszeitung*, 25. Juli 2010

Schrenk, Jakob, *Die Kunst der Selbstausbeutung*, Köln 2007

Schulz von Thun, Friedemann, *Miteinander reden 3: Das „Innere Team" und situationsgerechte Kommunikation*, Reinbek 1998

Schwartz, Barry, *Anleitung zur Unzufriedenheit. Warum weniger glücklicher macht*, München 2006

Seligman, Martin, *Erlernte Hilflosigkeit*, München 1979

Seiwert, Lothar J., *Wenn du es eilig hast, gehe langsam: Mehr Zeit in einer beschleunigten Welt*, Frankfurt/New York 2005

Sher, Barbara/Smith, Barbara, *Ich könnte alles tun, wenn ich nur wüsste, was ich will*, München 2005

Sher, Barbara, *Wishcraft. Wie ich bekomme, was ich wirklich will*, München 2010

Sprenger, Reinhard K., *Die Entscheidung liegt bei dir! Wege aus der alltäglichen Unzufriedenheit*, Frankfurt/New York 2010

Stevenson, Betsey/Wolfers, Justin, „The Paradox of Declining Female Happiness", in: *American Economic Journal: Economic Policy* 2009, vol. 1(2)

von Petersdorff, Winand, „In Deutschland stimmt die Balance nicht mehr", in: *Frankfurter Allgemeine Sonntagszeitung*, 9. März 2008

Werle, Klaus, *Die Perfektionierer. Warum der Optimierungswahn uns schadet – und wer wirklich davon profitiert*, Frankfurt/New York 2010

Woznica, Martin, *Arbeit… ist mehr als Geldverdienen. Chancen für inneres Wachstum und Selbstverwirklichung*, Petersberg 2008

Register